高原生态与经济系统的协调发展研究

王美玲◎著

燕山大学出版社

·秦皇岛·

图书在版编目（CIP）数据

高原生态与经济系统的协调发展研究/王美玲著.—秦皇岛：
燕山大学出版社，2022.12
　　ISBN 978-7-5761-0417-2

　　Ⅰ.①高… Ⅱ.①王… Ⅲ.①高原－生态经济系统－
协调发展－研究－中国 Ⅳ.①F127

中国版本图书馆CIP数据核字（2019）第204237号

高原生态与经济系统的协调发展研究
GAOYUAN SHENGTAI YU JINGJI XITONG DE XIETIAO
FAZHAN YANJIU
王美玲 著

出 版 人:陈　玉		策划编辑:刘韦希	
责任编辑:张　蕊		封面设计:中知图印务	
责任印制:吴　波		电　话:0335-8387718	
出版发行　燕山大学出版社		邮政编码:066004	
地　　址:河北省秦皇岛市河北大街西段438号		经　销:全国新华书店	
印　　刷:涿州市殷润文化传播有限公司			

开　本:710mm×1000mm 1/16		印　张:11.75	
版　次:2022年12月第1版		印　次:2022年12月第1次印刷	
书　号:ISBN 978-7-5761-0417-2		字　数:174千字	
定　价:50.00元			

作者简介

　　王美玲(1983—)，女，藏族，青海同仁人，本科学历，高级讲师。青海省党建研究会特邀研究员，2020年入选青海省"昆仑英才•高端创新创业人才"拔尖人才。在第二、三、五、六届全省党校系统教学观摩和精品课比赛中荣获一等奖1项、二等奖2项、"优秀课"1项。主讲的"习近平生态文明思想"入选青海省学习贯彻习近平新时代中国特色社会主义思想好课程。主持承担省级课题2项，参与国家级课题1项、省级课题3项，在《人民论坛》等学术期刊上发表文章15篇。

前言

人口压力的持续上升和社会经济的快速发展,导致全球大面积自然生态系统失衡,资源短缺、环境污染、土地退化等生态安全问题频发,人们开始意识到社会经济与生态环境协调发展的重要性。因此,需要在社会经济发展过程中加大对生态环境保护的投资,释放生态红利,以实现可持续发展。我们应正确认识社会经济发展和生态环境保护之间的相互关系,进一步研究社会经济发展和生态环境保护之间的发展规律和互馈程度,从而为地方生态经济体系协调发展提出可行的措施意见。有鉴于此,深入分析高原地区生态经济耦合体系的协调发展水平,把握其发展规律,研究其内部机制,对于研究高原地区的可持续发展问题具有重要意义。

青海是"三江之源""中华水塔",青海高原的生态环境保护关乎国家生态安全和民族永续发展。良好的生态环境是最普惠的民生福祉,坚定不移地贯彻习近平生态文明思想是解决生态环境突出问题的重要政治钥匙。"建设生态文明,是关系人民福祉、关乎民族未来的长远大计。"新征程上,坚持以习近平生态文明思想为指引,胸怀"国之大者",强化政治担当,践行"绿水青山就是金山银山"的理念,我们就一定能让中华大地的天更蓝、山更绿、水更清、环境更优美,就一定能为子孙后代留下美丽家园,为中华民族赢得美好未来。①

青海高原资源丰富,保护生态环境,发展生态经济,实现生态系统和经济的协调统一,不仅是保持青海高原经济社会可持续发展的前提,而且对维系整个江河源地区的生态平衡,促进中下游生态环境的改善和经

---

① 李颂,曹孟勤.从万物一体到人与自然和谐共生[J].哈尔滨工业大学学报(社会科学版),2020(5):129-135.

济社会的可持续发展具有重要的战略意义。青海生态环境脆弱且重要,因此,生态环境与经济协调发展是青海在"全面小康"目标达成后开启现代化新征程的首选经济发展模式。未来,以产业生态化和生态产业化为主体的生态经济必将为青海持续推进"一优两高"战略、实现社会治理现代化、全面深化改革开放、完成"五个示范省"建设的宏伟蓝图注入持久动能。①

①淡其瑶. 关于青藏高原发展生态经济研究[J]. 知识经济,2011(20):53-54.

目 录

第一章 高原生态与经济协调发展现状与优势

第一节 高原生态现状分析

本节以黄土高原为例,详细阐述不同地区的生态环境与经济发展的关系。

基于黄土高原不同类型区域自然条件和社会经济发展的区域分异特点,选择不同类型区域的典型县区(宁夏原州,陕西长武、安塞,山西吉县),收集、整理并分析黄土高原不同类型区1996—2016年生态环境与社会经济发展指标数据,梳理和总结黄土高原不同类型区的发展现状,探明生态修复工程与社会经济发展变化之间的联系。社会经济发展指标包括经济指标和社会指标两个大类:经济指标包括经济总量指标、经济结构指标和经济质量指标,社会指标包括区域人口变化指标、就业结构指标和社区发展指标。

一、研究区概况

原州区(35°34′—36°38′N、105°28′—106°30′E)隶属宁夏回族自治区固原市,辖8镇6乡1个街道办事处,229个行政村,1 397个自然村。总面积为2 756平方千米,地形复杂多样。东部为黄土丘陵,占总面积的32.9%;南部、西部为六盘山山地,占总面积的20.6%;中部、北部为清水河河谷平原,占总面积的46.5%。由于地处内陆中纬度地带,气候属内陆暖温带半干旱区,境内降水少,蒸发量大,干燥度较高。年平均气温为6.8℃;年平均降水量在300~500毫升,自南向北递减;平均蒸发量为1 200~1 800毫升。原州区自1999年退耕还林工作实施开始至2016年,新增营造林17.05万亩,森林覆盖率提高到16.1%。[①]

长武县(34°59′09″—35°18′37″N,107°38′49″—107°58′02″E)隶属于

---

① 拉巴次仁. 高原生态研究[M]. 成都:四川科学技术出版社,2018.

陕西省咸阳市,辖1个街道、7个镇,总面积为567.1平方千米。长武县塬川相间,沟深坡陡,地势西南高、东北低,由西南向东北呈倾斜状。由于处于西北内陆腹地,属暖温带半湿润、大陆性季风气候区,春温回升慢,夏热多伏旱,秋凉雨连绵,冬长冷于寒。辖区内光能资源比较丰富,热量利用条件较差,降雨适中,分布不均。长武县自退耕还林工作实施开始至2016年,治理水土流失62平方千米,植树造林21.5万亩,全县森林覆盖率达到34.8%,万元GDP能耗五年累计下降15.8%。

安塞区(36°30′45″—37°19′31″N、108°51′44″—109°26′18″E)隶属陕西省延安市,辖14个乡(镇),209个行政村,1 018个自然村。安塞区地处西北干旱半干旱地区,属典型的梁峁状丘陵沟壑区,地貌类型主要为黄土梁涧、梁峁状黄土丘陵和沟谷阶地。土壤以黄绵土为主,约占总面积的95%。由于黄绵土土质疏松,质地均一,所以陕北安塞区水土流失严重、土壤瘠薄、生态环境恶化。该区属暖温带半干旱气候,年积温为2 866℃,年平均气温为8.8℃,年平均降水量为505.3毫米,且分布极不均匀;境内植被主要以天然次生林、人工林和荒山荒坡的天然草地为主。安塞区自1999年退耕还林工作实施开始至2016年,全区森林覆盖率由1998年的18%提高到2008年的34.68%,平均侵蚀模数由1998年的1.4万吨/(千米² · 年)降到目前的0.54万吨/(千米² · 年)。

吉县(36°10′—36°19′30″N、110°30′—110°43′E)隶属于山西省临汾市,辖3个镇5个乡,79个行政村。吉县三面环山,一面滨水,东高西低,境内山峦起伏、沟壑纵横、地形复杂,可分为基岩山区、黄土丘陵区、残垣沟壑区等;属暖温带大陆性季风气候,春季干旱多风,夏季气温凉爽宜人,秋季多连阴雨,冬季寒冷干燥。年积温为3 361.5℃,年均气温为10.2℃,年均降水量为522.8毫米。20世纪90年代,吉县的森林覆盖率只有30.8%,自实施退耕还林开始至2016年,森林覆盖率达到了47%。

二、经济发展现状

(一)经济总量变化

从各类型区国内生产总值的数据变化来看,1996—2016年各区国内生产总值均呈上升趋势。其中,原州区、吉县和长武县地区国内生产总值稳定增长。相比较而言,吉县的增幅较小;安塞区国内生产总值呈波动式折线上升,在1996—2004年平稳增长的基础上,以2004年为拐点,增幅和增速迅猛增加,2014年到达最高峰,随后有所下降。从年度增长率来看,安塞区国内生产总值最高,从1996年的26 052万元增加到2016年的797 000万元,平均年度增长率为26.43%;吉县国内生产总值最少,由1996年的21 241万元上升到了2016年的198 909万元,平均年度增长率达到了13.02%;长武县的上升幅度仅次于安塞区,由1996年的16 453万元上升到了2016年的729 990万元,平均年度增长率为22.94%;原州区的国内生产产值由1996年的57 845万元增加到2016年的1 033 238万元,平均年度增长率为16.93%。

(二)经济结构变化

从各个类型区三大产业增加值数据来看,1996—2016年,原州区、长武县三大产业增加值呈现出稳定上升的趋势。其中,原州区第三产业发展迅速,由1996年的24 162万元增加到2016年的627 496万元,说明原州区依托地理位置优势,不断提高第三产业对经济发展的贡献份额。长武县第二产业产值增速大于第一、第三产业产值,这与当地矿产资源产业对经济的贡献息息相关。安塞区三大产业增加值总体呈不断上升的态势:1996—2003年,三大产业均衡发展;2004年之后,第二产业增加值呈飞速增长的态势,由2004年的53 681万元增加到2016年的468 000万元。1996—2007年,吉县三大产业均衡发展,但2007年之后,第二产业飞速发展。1998年,第二产业产值为12 815万元;2000年降到最低,为6 531万元。经历了2000—2003年的低谷期之后开始回升,产值由2003年的9 063万元上升到了2012年的99 594万元。2012—2016年,第二产业增加值持续下降。

从三大产业占比数据来看,原州区三大产业结构占比的变化主要表现在第一产业显著下降,由生态修复前1996年的42.51%下降到2016年的13.86%;第三产业比重不断增加,由1996年最低的41.77%增加到2000年的65.49%,可见第三产业在原州区经济发展中的重要性。相比而言,第二产业比重由1996年的15.72%上升到2016年的25.43%,有所增长但整体偏低。

安塞区的三大产业结构占比变化最为明显的是第二产业的比重表现出先增长后下降的态势,由生态修复前1996年的19.81%上升到2016年的61.02%,增幅较大;第一产业比重整体表现出下降的态势,由1996年的50.66%下降到2016年的10.56%;第三产业比重整体呈"V"字形变动,最低比重为2004年的5.99%。

1996—2016年,吉县第一产业比重总体呈下降态势;第二产业的比重整体呈逐年下降而后波动上升的趋势;第三产业与第二产业刚好相反,其占比表现为稳步上升而后波动下降的态势。

1996—2016年,长武县第一产业所占比重逐年下降,第二产业逐年上升,第三产业比重先上升后下降。其中,第二产业比重在此期间变化最大,由生态修复前1996年的20.19%上升到2016年的62.22%。

从地方财政收入变化来看,1996—2016年各类型区财政收入总额总体呈上升态势。原州区2002—2005年的地方财政收入总额逐年降低,自2006年起逐年增加,从2006年的2 351万元增加到2016年的25 070万元。安塞区1996—2016年的地方财政收入增长较快,1996年地方财政收入总额为6 608万元;2003年为25 055万元;自2004年起,地方财政收入总额逐年增加,且增长速度较快,从2004年的32 516万元增加到了2016年的177 000万元。1996—2016年,长武县地方财政收入总额呈持续上升的态势,吉县的地方财政收入总额发展趋势整体呈现波动上升的态势。

从各个类型区固定资产投资额变化来看,1996—2016年各区固定资产投资呈连续上升态势。其中,原州区、吉县以及长武县的社会固定投资总额呈现快速上升态势。安塞区社会固定投资总额呈波动式折线上升态势,在1996—2008年平稳增长的基础上,以2008年为拐点,增幅和增速迅猛,2015年到达最高峰,2016年有所下降。

(三)经济质量变化

从各个类型区农民人均纯收入变化来看,1996—2016年各区农民人均纯收入呈逐年递增趋势。其中,长武县农民人均纯收入从1996年的741元增加到2015年的9 355元;安塞区从1997年的921.35元增加到2016年的11 271元;吉县从1997年的978元增加到2014年的8 755元;原州区从2002年的1 210.86元增加到2016年的8 070.42元。

从各个类型区城镇居民可支配收入变化来看,1996—2016年各区城镇居民可支配收入整体呈增长态势,且增速快于农民人均纯收入。其中,长武县城镇居民可支配收入增速由慢变快,总体处于平稳上升状态,由 1996 年的 845 元上升到 2016 年的 26 401 元,县域经济实力明显提升,受经济活力影响,2003 年后增势更加明显;吉县城镇居民可支配收入从 1996 年的 978 元增加到 2014 年的 23 610 元;安塞区城镇居民可支配收入整体呈现稳定上升的趋势,从 1996 年的 2 100 元增加到 2016 年的 31 946 元;原州区从 2002 年的 5 324 元增加到 2016 年的 24 153.51 元。

从农林牧渔业总产值来看,黄土高原各类型区农林牧渔业总产值总体呈上升的态势。原州区农林牧渔业总产值最高,2016 年达到 319 641 万元。长武县的农林牧渔业总产值增速最快,其中 2010—2016 年为快速增长时期。吉县 1996—2008 年农林牧渔业总产值在 16 788 万元上下波动,2009—2016 年快速上升,2016 年农林牧渔业总产值为 103 661 万元。

从实有耕地面积来看,原州区的耕地面积最多,其次是安塞区、长武县,吉县的耕地面积最少。从实有耕地面积变化来看,吉县和长武县实有耕地面积均呈现出平缓下降态势,并且吉县的下降速度快于长武县。安塞区 1996—2002 年的实有耕地面积呈现下降态势。原州区自 1997 年起实有耕地面积减少的速度逐年增加。黄土高原各类型区耕地面积的波动趋势表明,退耕还林(草)生态修复工程的实施在减轻生态环境压力方面起到了一定的效果,但后期增速的反弹则表明政策实施开始面临阶段性瓶颈,还需作出进一步调整。

三、社会发展现状

(一)区域人口变化

人口数量的变化直接影响人口密度的变化,安塞区、吉县和长武县人口密度整体变化趋势一致,1996—2016 年呈现平稳略增趋势,但原州区人口密度整体呈下降趋势。从趋势上看,到 2016 年,安塞区、吉县和长武县人口密度分别为每平方千米 66.33 人、61.57 人和 290.5 人,较 1996 年分别增加了 15.45%、5.75% 和 1.04%。原州区 2016 年人口密度较 1996 年下降了 13.49%。从密度差异上来看,长武县人口密度最高,为每平方千米 313~315 人,而安塞区和吉县人口密度则较低,为每平方千米 50~60 人,原州区人口密度为每平方千米 158~185 人。

从非农业人口数量及其占总人口的比率变化来看,1996—2016 年,黄土高原各个类型区非农业人口及其占比总体呈不断上升趋势,表明各区域城镇化率在逐年提高。原州区非农业人口数量及占比在1996—2007年为缓慢上升时期,2008—2016年为快速增长时期。安塞区非农业人口数量及占比在1996—2008年为匀速上升时期,2008—2016年在波动中上升。

(二)社区生活变化

从中小学在校学生总数来看,1996—2016年黄土高原各恢复区中小学在校学生总数整体呈下降趋势,但是略有不同的是安塞区中小学在校学生总数呈现先上升再下降然后再上升的趋势。

从各类型区卫生技术人员数量来看,1996—2016年各区卫生技术人员数量整体呈现出上升趋势,表明各区域医疗服务水平在逐年提高。

总体来看,1996—2016年,黄土高原不同类型区社会经济发展情况呈现持续向好的态势,退耕还林所带来的社会经济以及生态效益都是显而易见的,但在时间和空间上存在差异性,具体表现为以下几个方面:从指标变化的时段差异来看,1999—2002年是各个社会经济指标发生转变的关键节点,在这一节点之前,黄土高原各生态类型区经济增速缓慢、人口上升压力显增、耕地总面积快速增长;而在这一节点之后,黄土高原不同类型区经济增速明显、经济结构得到调整、人口和农业生产对生态环境的压力得到有效控制,表明区域生态修复工程对当地社会经济发展起到了良好的推动作用。但是由于各区域社会经济基础、地缘因素以及生态环境因素不同,黄土高原不同类型区社会经济以及生态效益具有区域差异。

第二节 高原生态与经济协调度分析

一、高原地区生态与经济协调发展的辩证关系

高原地区经济发展与生态环境保护之间是一种既对立又统一的关系。在社会发展的不同阶段,人们对生态效益与经济效益的评估价值是不同的。在经济发展水平较低的阶段,人们一般对生态效益的评估价值比较低,而对经济效益的评估价值比较高,这就会出现以牺牲生态效益

来换取经济效益的行为。但从总的、长远的利益来看,经济效益和生态效益又是统一的,因为生态环境的恶化会阻碍生产的发展,降低产品的市场价格,从而影响经济效益。同时,经济效益和生态效益的统一性还表现在随着高原地区经济社会的发展,人们对生态环境的社会评价值及要求也随之提高。由此,对生态环境的重视和保护程度也会加强,破坏生态效益的生产方式会被否定和淘汰,而有利于生态效益与经济效益协调发展的生产方式则会得到社会的进一步鼓励和支持。所以,从长远及理性的角度来看,经济发展同生态环境优化完全有整合的可能性和必要性。[①]

(一)生态环境与经济发展相互关系分析

众所周知,生态环境是经济发展的前提条件,它为人类的生产和生活提供能源、原材料,同时消解和转化人类经济活动所产生的废弃物质和能量,实现人类活动与自然界的物质循环和能量循环的融合。经济发展与生态环境之间是一种相互影响、相互制约的紧密关系。经济的可持续发展要以生态环境的良性循环为基础,离开了生态环境系统创造的物质流与能量流,经济系统就不可能正常运行,经济持续发展更无从谈起。只有以良好的生态环境作为坚实的基础,才能实现经济社会的可持续发展。

1. 生态环境对经济发展的影响

生态环境是指由生物群落及非生物自然因素组成的各种生态系统所构成的整体,包括森林、土壤、植被、空气、水源、动物及其他自然资源。生态环境对经济发展有着重大而深远的影响,这种影响主要表现在以下几个方面。

第一,生态环境制约着经济发展的速度和水平。人类所进行的各种经济活动都是在一定的生态环境中进行的,生态环境不仅要为各种经济活动提供必要的空间和场所,而且要为各种经济活动提供必不可少的物质条件。生态环境的状况会对各种经济活动的开展产生重大影响:如果一个地区自然环境恶劣、土地贫瘠、干旱少雨、山高路陡,将严重制约其农业生产的发展,尽管这里的农民付出加倍的劳动与艰辛,也难以获得较好的收成;如果一个地区的空气、水源、土壤被污染,这不仅会影响当

①丹曲.青藏高原的生态环境保护与经济文化调查研究[M].北京:民族出版社,2019.

地农副产品的质量,而且会直接或间接地影响其工业产品的质量,特别是影响以农副产品为原料的工业产品的质量,从而制约经济社会发展;此外,生态环境恶化,迫使人们不得不耗费大量的人力、物力和财力去治理,这就意味着生产成本的增加,经济效益有所减少,严重影响经济社会发展的速度和水平。[①]

第二,生态环境制约着经济发展要素的聚集程度。历史与现实告诉我们,一个国家或一个地区的经济发展受到资金、技术、人才、市场、交通等多种要素的影响和制约。当这些要素能较多地聚集于某一国家或某一地区时,这个国家或地区的经济发展就快。相反,当这些要素较少地存在于某一国家或某一地区时,这个国家或地区的经济发展就会比较缓慢。这不仅会反过来制约影响经济发展的要素向该国或该地区集聚,还会引起这个国家或地区本来就很薄弱的经济发展要素向发展较快、发展程度较高的国家或地区流动,从而进一步制约该国或该地区的经济社会发展,拉大国家与国家、地区与地区之间经济社会发展水平的差距。影响经济社会发展要素向某一国或向某一地区聚集程度的因素很多,除政治因素、体制因素、市场因素外,生态环境也是一个非常重要的因素。因为生态环境不仅关系人们生存的条件和生活的质量,而且常常关系经济活动得以开展的程度和效益。一般来说,生态环境比较好的国家或地区通常更适合人们的生存,同时具备发展经济的良好条件,有利于各种生产要素的聚集,可以有力地促进这些国家或地区的经济社会发展。相反,生态环境恶劣的国家或地区,通常缺乏生产要素聚集的吸引力,经济社会发展因而会受到制约。

第三,生态环境的破坏会影响一个国家或地区的经济发展潜力,影响经济的可持续发展。生态环境是经济发展的基础,自然生态环境的状况不仅是确保某些产品质量(如绿色食品等)的必备条件,而且会对经济社会系统造成影响。生态环境恶化会减少对经济活动的资源供应,减弱甚至丧失自然生态资源所具有的调节功能,从而造成自然灾害面积的加大和遭灾程度的加重,最终造成经济损失。同时,某些生态资源的不可逆性会影响后人对资源的利用,破坏经济的可持续发展。如非洲的马达加

---

①朱贤均,叶兴艺,杨璘珣,等.少数民族贫困地区经济增长与生态保护和谐发展研究:以湘西自治州为例[J].统计与管理,2017(1):113-114.

斯加、埃塞俄比亚和科特迪瓦等,过去因拥有丰富的生物遗传资源而成为非洲国家中少有的对外资具有吸引力的地区,在国家自然保护组织的推动下,它们吸引了大量外资,尤其是在遗传基因资源保护区的周边地区,许多发展项目得到外部资金的支持。然而,由于不注重自然生态环境的保护,许多珍稀濒危物种相继灭绝。随着自然生态的不断恶化,外部投资者逐渐失去了投资兴趣。

2. 经济发展对生态环境的影响

生态环境与经济发展是对立统一的关系,生态环境制约经济发展,经济发展也会对生态环境的保护和优化产生影响。经济发展会使生态环境局部退化,并在气候变化、人类活动和生态环境之间形成复杂的反馈效益,导致生态环境越发恶化。

第一,遵循生态环境运动变化规律的经济发展对生态环境有积极作用,能促进生态环境的保护和优化。众所周知,生态环境的保护和优化必须有直接或间接的成本支出,即良好生态环境的维持与发展离不开经费的支持,也就离不开经济的发展。因此,只有经济发展达到一定程度时,人们才有能力提供足够的财力来支撑环境的维持与保护。另外在生态环境脆弱的地区,生态环境的自我调节功能十分有限,遭到破坏后必须通过科技和物质手段解决生态退化所带来的一系列生态学、生物学难题,这也依赖于经济的发展。也就是说,只有经济快速发展,高原这种相对欠发达的地区才有可能在生态环境问题比较严重的区域相应地推广旱作节水农业技术,采取植物固沙、沙障固沙、引水拉沙造田、人工垫土、绿肥改土、开发可再生能源等各种有效措施,实现生态环境保护与优化。当然,应该指出的是,肯定经济发展对生态环境的积极作用,绝不等于主张走"先污染、后治理"的发展道路。实践证明,"先污染、后治理"的做法是得不偿失的,对于我国广大的、生态脆弱的欠发达地区来说,绝不能重复发达国家和地区已经走过的"先污染、后治理"的老路。

第二,不合理的经济发展会破坏和阻碍生态环境的保护和优化。经济社会活动必须遵循自然生态系统固有的生态规律,不合理的经济活动会对生态系统产生干扰,如果这种干扰超过了生态系统的调节及补偿能力,造成了生态系统的结构破坏、功能受阻,正常的物质、能量、信息的循环与交流就会被打破,从而使整个生态系统衰退或崩溃。这也就意味着：一方面，生态环境系统结构失调，如大面积的森林被砍伐，不仅使原来的森林生态系统的主要生产者消失，而且各级依赖于森林的"消费者"也因栖息地的破坏、环境的改变和食物的短缺而被迫逃离或消失。另一方面，生态环境系统的功能失调，表现为结构组成部分的缺损使能量在系统内的传输受阻或使正常的物质循环中断，从而造成初级生产者的第一生产力下降，能量转化效率降低，无效能增加。如受污染的水体与富营养化的水体，使鱼类因缺氧而难以生存，造成产量的下降。也就是说，如果单纯追求暂时的经济利益，选择掠夺式的技术和经济手段，违背了生态环境运动变化的内在规律，会导致生态环境的破坏，甚至出现生态危机。

自然环境和经济增长的对立统一、相互作用告诫人们：不可杞人忧天式地忧虑经济增长对自然环境的损害，更不可陶醉于经济社会增长的成果而忽视对自然生态环境的保护。倘若只顾发展经济，而无视对自然资源和环境的破坏，无度地向大自然索取，只顾及当时的、短期的经济效益，不顾长期的经济效益与环境效益，其后果就是虽然国民经济得到了短期的迅速增长，但对自然资源和环境造成了严重破坏，人们终究会为此付出巨大的代价。

（二）生态环境与经济发展的对立与统一

遵循生态环境变化规律的经济发展，能为生态环境保护和优化提供资金和技术支持；如果经济活动不遵循生态环境的运动变化规律，就会破坏生态环境。因此，正确认识和深入分析把握生态环境保护与经济发展的对立统一关系，具有非常重要的意义。

1. 高原地区生态环境保护与经济发展的对立

对于高原地区来说，那里的人们世代都深知生态环境的重要性，他们采取了各种诸如村规、民约等有效措施严格保护影响他们生命及财产安全的树林、水源和耕地。但是高原地区在脱贫致富过程中，特别是在市场经济条件下，其经济发展与生态环境保护难以达到统一，破坏生态环境的现象层出不穷。这一现象的根本原因在于高原地区经济发展与生态环境保护之间的对立关系。

首先，大多高原地区都有乡村振兴的压力，实现经济增长必然成为第一目标。而且高原地区能在短时间内开发并创造效益的优势资源必然是当地的自然资源,这就使高原地区在追求经济发展的初期普遍存在破坏生态资源环境的现象。

其次,生态环境具有明显的公共物品特性,而公共物品的破坏或改善并不会直接或全部计入具体个人生产者的成本或收益中。这就会使生产者为了取得自己的经济效益而不惜损害生态效益,以不良的行为方式向外部环境转嫁成本或索取生态效益以达到个人经济效益的最大化。

再次,市场经济是一种利益经济。在市场经济条件下,生产经营者的目的是取得尽可能多的利润,生产经营者的行为处处受到经济利益的调节和驱动。如果一种产品的生产虽然会破坏生态环境但能给生产者带来更多的直接利润,那么就会有人不惜损害生态环境进行生产。在市场经济条件下,那些有利于生态效益提高的产品只有在能够提供更高、至少足够高的经济效益时,生产者才会有兴趣生产,否则就会排斥这种生产。[1]

最后,在发达地区,由于经济的发展和生活水平的提高,人们对生态环境重要性的认识大大增强,环境问题比较容易得到重视且能用较多的人力、财力和物力进行治理。而在高原欠发达地区,由于生产力水平低下,对生态环境的评估价值比较低,且严重缺乏治理所需的资金和技术,生态环境往往得不到保护与优化。

2. 高原地区生态环境保护与经济发展的统一

高原地区生态环境保护与经济发展之间又是一种统一的关系,即从总的、长远的利益来看,经济效益与生态效益是统一的。因为良好的生态环境是经济发展的基础,经济的发展也有利于生态环境的保护和优化。同时,随着经济的发展、生活水平的提高及健康意识的增强,人们对生态环境及其生态效益的重视和保护程度也会加强。

首先,良好的生态环境是经济发展的基础。经济发展是在良好生态环境的基础上建立和发展起来的,社会生产归根到底是从环境中获取自然资源,并将其加工成生产和生活资料。在生产过程中,一部分资源转化为产品,另一部分资源变成废弃物返回到环境中。良好的生态环境能降低经济发展成本,为经济持续发展提供动力支持。而生态环境一旦遭

---

[1]刘上洋. 欠发达地区生态与经济协调发展研究[M]. 北京:社会科学文献出版社,2017.

到破坏,就会阻碍经济发展,同时又对整个生态系统造成不良影响。保护生态环境可以促进生态系统良性循环,使资源再生能力提高,为经济发展提供良好的生态环境,促进经济的可持续发展。

良好的生态环境能降低经济发展的成本,有利于旅游业的发展,有利于人们的身心健康,有利于引进外资,有利于经济的可持续发展,从而形成良性循环。一旦生态环境遭受破坏,就会通过经济发展情况反映出来,使经济发展受到影响,而落后的经济又进一步给生态环境带来不良影响,最终形成恶性循环。

其次,经济发展有利于生态环境的保护和优化。一是经济发展有利于提高人们对生态效益的评估价值,支持以牺牲经济效益来换取生态效益的行为,实现生态环境保护和优化。二是经济发展了,就可以拿出更多的资金用于保护和改善生态环境,为保护生态环境创造物质条件,并运用科学技术和宏观经济手段去保护、改善生态环境,增强生态环境系统的稳定性和耐受力。没有经济的发展,人类的物质条件、生活条件和生态环境就无法得到保障。三是经济的发展有助于人类通过对自然环境的合理开发利用,建立一个可以满足人类发展需求的、比较理想的生产环境和生态环境。

(三)高原地区生态环境保护与经济发展整合的可能性与现实性

综上所述,高原地区的生态环境保护与经济发展之间是对立统一的关系。在短期内,高原地区往往为了经济发展而破坏生态环境,但从总的、长远的利益来看,经济效益和生态效益是统一的。因为良好的生态环境是经济发展的基础,而生态环境的恶化会阻碍经济的发展。同时,在市场经济条件下,经济效益和生态效益的统一还表现在随着经济的发展、人们生活水平的提高和健康意识的加强,人们对生态产品的需求量及社会评价值随之提高。由此,社会对生态环境的重视和保护就会加强。在这一过程中采取的惩罚性措施就会使得生态效益负值的生产方式变得无利可图,而生态效益与经济效益协调发展的生产变得更加有效益,并会得到社会的进一步鼓励和支持。所以,从长远及理性的角度来看,经济发展同生态环境保护完全有整合的可能性和现实性。

但是,在当前条件下,实现高原地区生态环境保护与经济发展的整合并不是一件简单的事。我们必须清醒地认识到在经济社会发展的不同阶段,人们对生态效益与经济效益的评估价值是不同的。一般在经济发展水平较低的阶段,人们对生态效益的评估价值也比较低,而对经济效益的评估价值就比较高。在这个阶段,追求经济效益就会成为生产者的主要目标。这就必然会产生以牺牲生态效益来换取经济效益的行为。其实,这种行为的产生并不是人们不关心生态效益和生态环境,或缺乏理性。相反,其恰恰是理性指导下的行为结果。因此,在高原地区致富的过程中,我们绝不能简单化、理想化地认为经济效益与生态效益之间具有完全一致性,生态效益的提高必然伴随着经济效益的提高。高原地区在追求富裕的过程中,要想早日实现生态效益与经济效益的统一,首先必须大力发展经济,提高生产效益。发展是解决问题的真正关键,高原地区经济发展落后是保护生态环境最主要的制约因素,是生态环境破坏的罪魁祸首。如果为了保护欠发达地区现存的生态环境和资源,而抑制其经济发展,在思想上民众无法接受,在实践上也根本行不通。真正的出路就是要针对高原一些欠发达地区的具体实际,建立一种新的、比原有生产方式更为稳定、更有利可图的生态生产方式,在实现经济发展的同时保护和优化生态环境。

二、高原地区生态与经济协调度的评价指标

(一)高原地区生态与经济协调发展的评价指标体系依据

目前,国内已有一些相关的典型的指标体系,例如:由经济力、科技力、军事力、社会发展程度、政府调控力、外交力、生态力等7类85个具体指标构成的可持续发展综合国力指标体系。2007年,环境保护部发布《生态县、生态市、生态省建设指标(修订稿)》,提出建设生态县的评估指标体系涉及22个指标,建设生态城市的评估指标体系涉及19个指标,建设生态省的评估指标体系涉及16个指标。同年,国家发展改革委、环保总局、统计局联合编制发布循环经济评价指标体系,从资源产出、资源消耗、资源综合利用和废物排放4个方面入手,在宏观和工业园区两个层面分别规定了22个和14个循环经济评价指标。笔者在综合国内已有生态与经济相关指标的基础上,构建了生态与经济协调发展的评价指标体系,以中、西部省份为例,综合反映高原欠发达地区生态与经济协调发展水平。

（二）基本原则

依据生态与经济协调发展的理念，生态与经济协调发展的评价指标体系的构建必须遵循以下原则。

1. 科学性和可操作性原则

评价指标体系要准确反映和体现生态与经济协调发展的本质内涵和实质，重点突出生态与经济协调发展，层次清晰、合理。在选择评价指标时，统筹考虑指标的重要性、相对独立性和代表性，确保重要信息不重不漏，指标体系简明扼要。评价方法的选择要力求科学、严谨、规范。生态与经济协调发展的评价指标体系应当反映和体现生态与经济协调发展的内涵，使人们能从科学的角度系统而准确地理解和把握生态与经济协调发展的实质。

生态与经济协调发展的评价指标体系的设计要严格按照生态与经济协调发展的内涵，能够对生态与经济协调发展水平进行合理、较全面的描述，同时要注重指标之间的可对比性，具有可推广和可应用的性质。评价指标体系建立的目的主要是对目前的生态与经济协调发展进行评测，因此，该指标体系应是一个可操作性强的方案，设计的指标体系要尽可能地利用现有统计数据和便于收集到的数据，目前尚不能统计和收集到的数据和资料暂时不纳入评价指标体系。

2. 全面性与主导性原则

一套评价指标体系不可能涵盖所有生态指标与经济发展指标，但必须全面反映当前国民经济发展中迫切需要解决的关键问题。因此，选取指标时需选择那些有代表性、信息量大的指标。评价指标的设计要有一定的超前性、激励性，且符合实际，在应用中能够对生态与经济协调发展产生导向性作用。生态与经济协调发展是一项复杂的系统工程，评价指标体系选取应该分为不同的子系统，从各个不同角度反映出被评价系统的主要特征和状况，同时要有相同子系统不同主体间相互联系、相互协调的指标，从而对评价对象进行整体性度量。

构建生态与经济协调发展的指标体系，既要成为考核评价地区生态与经济协调发展能力水平的基本工具，更要成为引导地区经济发展与生态环境协调发展的一面旗帜，同时也是反映经济发展情况的一面镜子。构建的指标体系作为一个整体应当能够较好地反映生态与经济协调发展的主要方面和主要特征。

3. 系统性与层次性原则

指标体系作为一个整体,应该较全面地反映经济发展、生态环境的主要状态特征,以及动态变化、发展趋势。在确定各方面的具体指标时,必须依据一定的逻辑规则,体现出合理的结构层次。系统性原则要求充分认识到评价指标体系是一个复杂系统,只有形成一个相互依存、相互支持的完整的指标体系才能充分体现系统的这一特征。

确定指标体系时应该从系统的角度出发,把一系列与生态环境、经济发展有关的指标有机地联系起来,注意指标体系的层次性,也要注意同级指标之间的互斥性,以及实现上一级目标时的全面性。指标体系既要综合反映生态与经济协调发展的总体要求,又要突出反映生态与经济协调发展所具备的重要条件和要素,还要避免指标之间信息重叠交叉。

生态与经济协调发展模式是一个复杂的巨系统,是由许多同一层次中具有不同作用和特点的功能团以及不同层次中复杂程度、作用程度不一的功能团所构成的。应根据系统的结构分解出不同类别支持子系统,同时这些子系统既相互联系,又相互独立。因此选择的指标也应具有层次性,即高层次的指标包含描述低层次指标不同方面的指标,高层次的指标是低层次指标的综合并指导低层次指标的建设;低层次的指标是高层次指标的分解,是高层次指标建立的基础。

4. 定性与定量相结合原则

评价指标应具有可测性和可比性。评价指标应尽可能采用量化的指标,定性指标也应有一定的量化手段,但有些指标很难量化,可将它们分成若干个等级,将定性指标定量化。

生态与经济协调发展评价指标体系的定量分析是以历史的和当前的数据为基础的。在确定区域生态与经济协调发展的评价指标时,一定要充分考虑数据的状况,例如数据能否采集到,数据的口径是否可以满足分析的需要等。同时,进行区域生态与经济协调发展评价的目的是解决实际问题,所以评价指标体系的选择应切实可行,容易掌握和使用,具有较强的可操作性。

5. 动态性与稳定性原则

生态与经济协调发展是一个动态过程,这主要表现在两个方面:一是指标设置的动态性,即指标应随着经济、社会、科技的发展作适当的调整;二是指标权重动态性。稳定性是指评价指标体系一经建立,指标的含义、指标的类型、指标体系的层次、指标的个数等在一定时期内应该保持不变,这样做的目的是便于比较和分析生态与经济协调发展水平变化的动态过程,更好地分析其发展变化规律与趋势。所以,设计指标体系需兼顾静态指标和动态指标平衡。

6. 前瞻性与政策相关性原则

评价指标应能够反映评价对象发展的趋向性,不但能揭示历史的发展情况,而且能够为未来的发展提供间接信息。综合评价指标必须能够反映出政策的关注点或政府的目标,即在对评价对象综合能力进行评价时,所选的指标体系及其目标值要符合本地区经济发展的各类方针政策,即符合政策的规定性,并有利于政策的实施。

(三)高原地区生态与经济协调发展评价指标体系设置

生态与经济协调发展综合评价是一个复杂的系统工程,必须综合各方面的因素才能真正客观、正确地反映生态与经济协调发展的本质。生态与经济协调发展水平评价指标体系将向着主体多元化、指标综合化的方向发展。生态与经济协调发展的评价受人为主观因素的影响。如何构建有机合理、简单易行的指标体系,使之充分反映生态与经济协调发展的要求,以及如何选择适当的评价方法,对高原地区生态与经济协调发展程度作出客观的评价,是急需解决的问题。

1. 评价指标的优选

评价指标体系的科学性、合理性、实用性是获得正确结论的基础和前提条件。为了保证其科学性,在指标体系的初选完成以后,必须有针对性地对其科学性进行检验,即对初选指标体系进一步完善。这一检验过程主要包括两个方面的内容:单体检验和整体检验。

单体检验是检验每个指标的可行性和正确性。可行性主要是检验单体指标(或整体指标体系)符合实际的情况,分析指标数值的可获得性;正确性分析是对指标的计算方法、计算范围及计算内容的正确与否的分析。

整体检验是对指标体系中指标的重要性、必要性和完整性进行检验。重要性的检验是根据区域特征来分析应保留哪些重要的指标,剔除哪些对评价结果无关紧要的指标。一般利用德尔菲法对初步拟出的指标体系进行匿名评议。必要性的检验是从全局出发考虑所拟出的评价指标是否都是必不可少的,有无冗余现象,一般采用定量方法来检验。完整的检验是对评价指标体系是否全面、毫无遗漏地反映了最初描述的评价目标与任务的检验,一般通过定性分析来进行判断。

2. 建立具体的评价指标体系

在评价指标优选后,还要通过专家咨询法、主成分分析法和独立性分析对所得的指标作进一步筛选。

专家咨询法是在初步提出评价指标的基础上,进一步咨询有关专家的意见,对指标进行调整;主成分分析法是通过恰当的数学变换,使新变量主成分成为原变量的线性组合,并选取少数几个在变差总信息量中比例较大的主成分来分析事物的一种多元统计分析方法;独立性分析法是验证各个指标是否具有相关性,删除一些不必要的指标,简化评议指标体系。通过以上筛选,选择内涵丰富又相对独立的指标,最终构成具体的生态与经济协调发展的评价指标体系。

3. 评价指标和指标参考标准的确定

由各层次的评价目标确定各级评价指标,同时结合生态水平与经济发展阶段设置指标参考标准。

第一,指标值的量化和标准化处理。由于指标属性值间具有不可共度性,定量指标属性值的量化没有统一的度量标准,不便于分析和比较各指标,因此,在进行综合评价前,应先将评价指标的属性值进行统一量化。各指标属性值量化的方法随评价指标的类型差异而不同,主要分为效益型、成本型和适中型。在综合评价模型中可以建立各类指标量化时所需要的隶属函数库。量化后的指标具备了可比性,为综合评价创造了必要条件。在评价指标体系中,有些指标难以定量描述,只能进行定性的估计和判断,对此可采取专家评议的方法来进行处理,具体处理方式视评价方法而定。由于一些指标的计量单位及数量级相差较大,所以一般不能直接进行简单的综合,必须先将各指标进行标准化处理,变换成无量纲的指数化数值或分值,再按照一定的权重进行综合值的计算。常用的标准化方法主要有标准化变换法、指数化变换法等。

第二,指标权重的确定。确定评价指标权重的方法一般有主观赋权法、客观赋权法和组合赋权法等。主观赋权法由专家组对每个指标进行打分,然后综合指标权重;客观赋权法主要采用数理统计方法,如因子分析法、主成分分析法、聚类分析法……计算得出每个指标的权重;组合赋权法则是主观赋权法和客观赋权法的综合。然而,主观赋权法的定量依据不足,且有可能受先入为主的影响;而用数理统计方法计算出的指标权重,可能会出现经济意义上不可解释的轻微误差。所以最佳方案是先以客观赋权法算出权重,然后由专家组进行微调。

第三节 高原生态与经济协调发展的优势

追赶和超越是人类文明史上的重要现象。19世纪初,英国赶超荷兰,成为世界上第一个工业化国家;19世纪末20世纪初,美国取代英国成为世界排名第一的强国;日本在德川幕府时代赶上中国,1965年后,又赶上德国等先进的资本主义国家,成为世界第二大经济体;2010年,中国经济总量又赶超日本,成为世界第二大经济体。可见,只要存在先进与落后的差距,就必然会有赶超。"后发赶超"是欠发达国家和地区的共同愿望,能否成功实现赶超,关键在于能不能挖掘和利用后发优势,实现"弯道超越"。在实现生态与经济协调发展方面,我国高原地区同样具有后发优势,如何认识这种后发优势,并将这种潜在的优势转变为现实的发展资源,是高原地区在建设生态文明社会过程中面临的重要课题。[①]

一、后发优势理论概述

后发优势理论是美国经济史学家亚历山大·格申克龙(Alexander Gerchenkron,1904—1978)在总结德国、意大利等国经济追赶成功经验的基础上,于1962年创立的。格申克龙在对19世纪德国、意大利等欧洲较为落后国家的工业化过程进行经验分析后指出,一个工业化时期经济相对落后的国家,其工业化进程和特征在许多方面表现出与先进国家(如美国)显著不同。他把这些差异归纳为8个对比类型,即当地型与诱发

---

①洛桑·灵智多杰.青藏高原生态旅游可持续发展模式研究[M].北京:中国藏学出版社,2007.

型、自发型与强压型、生产资料中心型与消费资料中心型、通货膨胀型与通货稳定型、数量变化型与结构变化型、连续型与非连续型、农业发展型与农业停滞型、经济动机型与政治目的型。在这8个对比类型中，每一项对比类型相互之间的组合形态是由各国的落后程度来决定的。通过对各个组合形态的研究，格申克龙得出了6个重要结论：（1）一个国家的经济越落后，其工业化的起步往往越缺乏连续性，因而呈现出一种由制造业的高速成长所致的突然的大冲刺进程；（2）一个国家的经济越落后，在其工业化进程中对大工厂和大企业的重视也就越明显；（3）一个国家的经济越落后，就越强调生产资料而非消费资料的生产；（4）一个国家的经济越落后，其工业化进程中国民消费水平越低；（5）一个国家的经济越落后，其工业化所需资本的动员和筹措越带有集权化和强制特征；（6）一个国家的经济越落后，其工业化进程中的农业就越不能对工业提供市场支持，农业越受到抑制，发展越慢。

格申克龙认为工业化的前提条件的差异将影响发展进程的快慢，相对落后程度愈高，其增长速度就愈快。之所以如此，究其原因在于这些国家具有一种得益于落后的后发优势。这种后发优势是由后发国家地位所致的特殊有利条件，在先发国家是不存在的，并且后发国家也无法通过自身努力去创造，完全是与其经济的相对落后性共生的，来自落后本身的优势。故此，后发优势也常被称作"后发性优势""落后优势"或"落后的有利性"等。后发展是相对于先发展而言的，因而后发优势涉及的主要是时间维度，与传统的比较优势相关。国家之间在人口规模、资源禀赋、国土面积等方面的差异则不属于后发优势范畴。

虽然格申克龙没有给后发优势作过清晰和完整的界定，但其观点可以归纳为以下几个方面：（1）相对落后会造成紧张状态。格申克龙指出，一个相对落后的国家，会产生经济发展的承诺和停滞的现实之间的紧张状态，激起国民要求工业化的强烈愿望，以致形成一种社会压力。这种紧张会激发制度创新，并促进以本地适当的替代物填补先决条件的缺乏。（2）替代性的广泛存在。这一替代性是指工业化过程中不存在必须具备的一系列标准条件，或者是必须克服的一系列标准化的障碍，在吸收先进国家的成功经验和失败教训的基础上，后进国家在形成和设计工业化模式时具有可选择性和创造性。格申克龙指出，由于缺乏某些工化的前提条件,后进国家可以也只能创造性地寻求相应的替代物,以达到相同的或相近的工业化结果。替代性的意义不仅仅在于资源条件上的可选择性和时间上的节约,更重要的在于使后进国家能够也必须根据自身条件,选择有别于先进国家的不同的发展道路。(3)引进先进国家的技术、设备和资金。格申克龙指出,引进技术对于正在进入工业化的国家而言是获得高速发展的首要保障因素。后进国家引进先进国家的技术和设备可以节省科研费用和时间,快速培养人才,在一个较高的起点上推进工业化,同时资金的引进也可解决后进国家工业化中资本严重不足的问题。

格申克龙后发优势假说提出后,欧美许多学者对这一理论进行了深化。美国社会学家 M. J. 列维(Marion J. Levy)从现代化的角度将后发优势理论具体化。列维认为后发优势有5点内容:(1)后发国家要比先发国家在现代化起步阶段时对现代化的认识丰富得多。(2)后发者可以大量采用和借鉴先发国家成熟的计划、技术、设备以及与其相适应的组织结构。(3)后发国家可以跳过先发国家的一些必经发展阶段,特别是在技术方面。(4)先发国家的发展水平已达到较高阶段,可使后发国家对自己现代化的前景有一定的预测。(5)先发国家可以在资本和技术上对后发国家提供帮助。列维特别提到资本积累问题,他认为先发式现代化过程是一个逐步进化的过程,因而对资本的需求也是逐步增强的。后发式现代化因在很短的时间内迅速启动现代化,对资本的需求会突然大量增加,故此后发国需要特殊的资本积累形式。实行这种资本积累,必然要有政府的介入。

继列维之后,1989年,阿伯拉莫维茨(Abramovitz)提出了"追赶假说",即不论是以劳动生产率还是以单位资本收入衡量,一国经济发展的初始水平与其经济增长速度都是呈反向关系的。他同时指出,这一假说的关键在于把握"潜在"与"现实"的区别,因为这一假说是潜在的而不是现实的,只有在一定的限制下才能成立。第一个限制因素是技术差距,即后发国家与先发国家之间存在技术水平的差距,这是经济追赶的重要外在因素,技术差距的存在使得经济追赶成为可能。也就是说,生产率水平的落后,使经济的高速发展成为可能。第二个限制因素是社会能力,即通过教育等形成不同的技术能力,以及具有不同质量的政治、商业、工业和财经制度,这是经济追赶的内在因素。与其说是处于一般性的落后状态,不如说是处于技术落后但社会进步的状态,才使一个国家具有经济高速增长的强大潜力。

1993年,伯利兹(Brezis)、保罗·克鲁格曼(Paul Krugman)等在总结发展中国家成功发展经验的基础上,提出了基于后发优势的技术发展的"蛙跳"(leap-flogging)模型。它是指后发国家在技术发展到一定程度、具备一定的技术创新能力后,可以直接选择和采用某些处于技术生命周期成熟前阶段的技术,以高新技术为起点,在某些领域、某些产业实施技术赶超。

1995年,罗伯特·巴罗(Robert J. Barro)和夏威尔·萨拉-伊-马丁(Xavier Sala-i-Martin)假定一国进行技术模仿的成本是该国过去已经模仿的技术种类占现有技术总数量比例的增函数。也就是说,一国过去模仿的技术越多,其继续实行技术模仿的相对成本就越高。

1996年,R.范艾肯(R. Van Elkan)在开放经济条件下建立了技术转移模仿和创新的一般均衡模型,他的研究结论是经济欠发达国家可以通过技术的模仿、引进或创新,最终实现技术和经济水平的赶超,转向技术的自我创新阶段。

综上所述,格申克龙的后发优势理论,首次从理论高度揭示了后发国家工业化存在着比先进国家取得更高时效的可能性,同时也强调了后发国家在工业化进程方面赶上乃至超过先发国家的可能性。列维则强调了在现代化进程中,后发国家在认识、技术借鉴、预测等方面所具有的后发优势。阿伯拉莫维茨提出的"追赶假说",伯利兹、克鲁格曼等提出的"蛙跳模型",都指出后发国家具有技术性后发优势,并讨论了后发优势"潜在"与"现实"的问题。巴罗和马丁以及范艾肯等人则从计量经济学的角度,验证了经济欠发达国家通过技术的模仿、引进或创新,最终实现技术和经济水平赶超的可能性。后发优势理论的提出和发展研究,为后发地区的加速发展提供了理论依据和现实途径。

20世纪80年代以来,随着日本和亚洲新兴工业化及国家经济的高速增长,罗索夫斯基(Rosovsky)、南亮进和大川一司等人将格申克龙后发优势理论应用于日本工业化过程并加以分析。1992年,日本学者南亮进以日本为背景,探讨了日本的后发优势从产生到消亡的过程。他认为日本

20世纪50—60年代的高速增长主要是从后发优势中受益。特别是日本在现代经济增长之前,或与现代经济增长并行时,已经具有了阿伯拉莫维茨所说的很强的消化和掌握现代技术的"社会能力",具体体现为丰富的人力资源、现代化的经营组织、发达的信息产业和装备产业,这是日本发挥后发优势、实现经济追赶的必要条件,从而印证了阿伯拉莫维茨的有关观点。南亮进指出,以20世纪70年代为转折点,随着技术差距的缩小或消失,日本依靠引进技术、实施追赶的机会日渐减少,失去了所谓的"后进性利益"。由于日本没有从根本上将其模仿能力改造为真正自主创新的能力,经济发展失去了动力和方向。当美国利用信息技术革命推动经济增长,并进入"新经济"的时候,日本(以及其他大部分发达国家)与它的差距又扩大了。渡边利夫则运用这一理论分析了韩国经济,这些研究都在很大程度上验证了后发优势理论的客观性。因此,后发优势引发了人们更多的关注,并经常被用来分析发展中国家的经济发展问题。

基于中国经济快速发展的现实,20世纪90年代以来,中国学术界对后发优势理论的研究也迅速升温。中国学者的研究主要从以下7个方面展开:(1)从发展经济学角度进行研究,如郭熙保从发展经济学的基本理论出发,深入探究了西方经济追赶理论,对涉及后发优势与后发劣势的各种流派和观点进行了总结和归纳,并对全球化与信息化条件下后发优势与后发劣势的新变化进行了有益的探索。(2)从政治经济学角度开展研究,如陆德明初步形成了基于后发优势的"发展动力理论"框架,提出了后发国家的发展动力转换假说,他认为通过学习型追赶,后发国家与先发国家的发展差距会逐步缩小,但始终有一恒定差距无法消除,要超越这"最后最小差距",后发国家的发展动力必须更新转换,即从原来的主要由后发利益驱动的引进学习转向主要由先发利益驱动的自主创新。(3)从现代化理论角度进行研究,如罗荣渠归纳了后发优势与后发劣势的表现形式,并论证了它们在现代化发展历程中的重要作用和重要影响。(4)从技术经济学角度开展研究,如傅家骥、施培公关注了作为后发优势重要表现的技术模仿创新问题,从资源积累的角度对模仿创新造就后发优势的内在机理进行了探讨。(5)从制度经济学的角度展开研究,如胡汉昌从制度变迁的角度探讨了制度模仿的必要性与可行性,以及制度模仿的内在机理与实现途径问题。(6)从增长经济学角度进行研究,如黄先海运用"南北贸易与增长优势""蛙跳增长模型"探索了后发国家的非均衡、超常规发展的问题。(7)从实证分析的角度开展研究,具体探讨我国某个欠发达省份的后发优势。总体说来,国内对欠发达地区后发优势的研究尚处于分散状态和前期探索阶段,还没有形成完整的理论体系。

二、高原地区生态与经济协调发展的后发优势

从以上后发优势理论的概述可以知道,前人对后发优势的研究主要集中在后发国家这个层面,对于后发国家的特定地区的研究仅有一些实证分析,没有系统的理论阐述。而从生态与经济协调发展这个角度研究欠发达地区的后发优势,基本上处于空白状态。但是前人的研究提供了一些分析方法。笔者认为,在经济全球化和我国生态文明建设的大背景下,我国高原地区实现生态与经济协调发展,其后发优势也是客观存在的。

(一)生态资源和能源富集的优势

我国高原地区,其中一些处于相对封闭状态的边远山区,生态良好,资源富集,环境资源容量大,生态优势明显;另一些处于荒漠地区,但蕴含着丰富的石油、天然气、煤矿,风力大,太阳光照时间长,利用新型能源的潜力大。在经济全球化、环保国际化的大趋势下,可利用这些资源优势增强生态产品的服务功能,发展生态产业、新能源产业,实现生态与经济协调发展。

(二)新兴产业和环境友好型产业快速植入的优势

在建设"美丽中国"的时代背景下,各地区亟待转变发展方式,调整、优化产业结构,建立以资源能源消耗少、环境影响小的高新技术产业与环境友好型产业为主导的生态产业体系,以减少经济发展对生态环境的破坏,实现经济发展与生态退化"脱钩"。我国的发达地区,由于工业化进程较快,业已形成以传统产业为主导的完整的工业产业体系,要"腾笼换鸟",实现产业转型和产业结构调整,不仅耗资巨大,耗时也长。因为有厚重的工业体系需要改造和转型,这就要投入相当的精力、人力、物力来改造传统产业。产业转型、结构调整必然会增加企业的投入,进而造成企业局部的、眼前利益的受损。因此,发达地区产业转型升级不可避免地会受到强大的人为阻力,付出巨大的成本代价。

然而,像高原这些欠发达地区正好相反。高原地区由于工业化基础薄弱,传统产业规模小,高碳产业调整负担轻,产业转型调整的压力相对就小,面对国内外产业低碳化、生态化的发展趋势,可通过引进一批新兴产业、环境友好型产业,快速建立起以高效低碳产业为主导的产业体系,直接实现产业结构的合理化。这就像一张白纸一样,不用涂改,可以直接写下最新最美的文字,画上最新最美的图画。

(三)技术知识输入的后发优势

"科学技术是第一生产力",高原地区要在不破坏生态环境的前提下,实现经济社会跨越式发展,首先要依靠先进的科学技术。只有以过硬的技术作保障,才能不断降低单位生产总值的能耗和排放水平,减少经济发展对生态环境的负面影响,实现库兹涅茨的倒"U"形曲线拐点的前移。

在先进技术、低碳技术的输入方面,高原地区具有明显的后发优势。这主要有以下几个原因:首先,发达地区在技术研发方面远远走在高原欠发达地区前面,储备了大量的节能减排和低碳技术,如新的水泥生产方法、新的钢铁生产方法,以及新的汽车驱动途径和二氧化碳的埋存和捕获技术等。而这些先进技术是一种典型的公共物品,具有明显的溢出效应,欠发达地区通过引进外资、机器设备和国际技术转让,只需要花费很小的成本和时间就可以将这些先进科技直接运用到生产中去,而不必像发达国家(地区)那样耗费巨资和漫长时间进行研发,可以在较短的时间内实现技术应用和提升,进入科技的较高层次与较高阶段。许多研究表明,即便是用购买专利这种成本较高的方式引进先进技术,其成本也只是原来开发成本的1/3左右。而且,购买的技术一定是已经证明成功的、具有商业价值的技术。这样无形中节省了许多"沉淀成本",跳过了先发国家(地区)所经历的漫长、曲折的知识创造和积累阶段,快速缩小与先发国家(地区)的科技差距。

(四)制度设计和运用的后发优势

制度是指用以约束个人行为的一系列规则的总和。它既可以是指一项制度安排,也可以是指制度结构。制度可分为三种类型:一是宪法秩序,即政权的基本规则;二是制度安排,包括法律、规章、社团和合同;三是规范性行为准则。高原欠发达地区可学习、模仿和借鉴先发国家（地区）的先进制度，并经过本土化改造产生发展效率。

首先，从成本–收益的角度来看，高原地区的制度变迁相比于先发地区成本小、风险小、确定性强、收益大，这是由于拥有发达地区的范本，高原地区的制度变迁具有选择的优势。一种有效制度需要经过反复、动荡、危机等才能最终形成，是一个支付高额代价的不断试错的过程。而制度是一种公共物品，如果先发地区的制度经过长期实践证明是行之有效的，欠发达地区可以避免试错的高额成本支付，通过比较和鉴别，分析其缺陷和不足，选择合适的制度进行移植、模仿和改造，降低制度变迁的风险性，以较小的社会成本获取较大的收益。

其次，发达地区随着经济发展，很容易积累并产生制度僵化现象。这就使得制度演进过程中的后来居上不仅是存在的，而且有某种必然性。《全球通史》的作者斯塔夫理阿诺斯指出："从古典文明、中世纪文明和资本主义文明在外缘地区的诞生来看，每一种社会制度趋于腐朽且将被新的社会制度所淘汰的时候，率先发生转型的大多不在中心地区富裕的、传统的、板结的社会里，而是发生在外缘地区原始的、贫困的、适应性的社会里。"

在推进生态文明建设、实现生态与经济协调发展方面，发达国家（地区）有许多好的制度设计和安排，如循环经济立法、绿色GDP考核制度、绿色税收制度、资源价格形成机制、排污权交易制度等。高原欠发达地区结合本地实际情况适当移植和模仿，扬长避短，通过一种好的制度安排，充分发挥生态优势，大力培育、发展一批以生态保护为特色的产业群，走出一条具有区域特色的发展道路，把潜在后发优势转化为现实优势，把资源优势转化为经济优势和市场优势，实现经济持续、快速、健康发展。如高原欠发达地区可通过学习发达地区的绿色财政税收机制，鼓励企业节约资源，降低能耗，发展循环经济。通过开征环境保护税，限制高耗材、高耗能、高污染行业的发展；通过对环保项目、资源综合利用产业实行税收减免等优惠政策，促进节能环保产业的发展；通过扩大资源税征税范围和改革计征方法，提高资源的利用效率。总之，制度性后发优势能使后发地区提高资源配置的效率、改变激励机制、降低交易费用和风险，从而促进经济增长。

（五）资本和劳动力后发优势

一般来说,发达地区的资本比较丰富,劳动力素质水平高但劳动力数量不足;高原欠发达地区的劳动力资源一般较丰富但资本比较短缺。根据资本的边际收益递减规律,只要地区之间资本流动性的障碍不存在或者很小,资本就会从发达地区流向资本相对短缺的高原欠发达地区。因此高原欠发达地区,可以利用资本后发优势,依靠引进外资以解决地区工业化、现代化起步阶段的资本积累严重不足的问题,从而实现"借鸡生蛋"的目的。同理,高原欠发达地区的劳动力资源丰富且成本低廉,只要通过引进外资和技术,大力发展科技和教育,利用知识的溢出效应,提升人力资本的素质和水平,就可以产生较大的劳动力后发优势。

高原欠发达地区的资本和劳动力后发优势为高原地区发展生态经济提供了现实可能性。高原地区可充分利用经济全球化、区域经济一体化时代资本流动加快的机遇和劳动力成本相对低廉的优势,通过引进国内、省外资金,发展本地区有资源优势、有市场前景的生态产业,加快追赶发达地区经济的脚步,在缩短与发达地区经济社会发展水平差距的同时,走出一条生态与经济协调发展的道路。

三、后发优势的实现条件

需要指出的是,高原欠发达地区生态与经济协调发展所具备的后发优势只是一种潜在的优势,要使潜在的优势变为现实的优势,就需要创造出一系列新的条件。对此,高原地区要有清醒的认识,不要陷入后发优势的误区,错失发展时机。

后发优势的实现条件包括宽松自由的外部环境和当地政府的政策扶持两个方面。只有拥有自由的内外环境,高原地区才能抓住世界性的新技术革命的机遇,利用与先发国家和先发地区的"经济落差"与"技术落差"得到大量"溢出",实现生态与经济协调发展。当地政府的扶持政策主要包括贸易政策和产业政策。在产业政策的制定上,为了实现高原地区生态与经济协调发展,高原欠发达地区在承接国内外产业转移时,一定要制定产业准入"门槛",将产出效益低、资源能源消耗多、环境损害严重的企业拒之门外。同时,要对当地的环境承载量进行全面评估,并结合主体功能区的要求,在重点开发区、限制开发区实行不同的产业准入标准。只有这样,才能保证经济社会的可持续发展。

第二章 高原生态与经济协调发展
主要制约因素及原因分析

当前高原欠发达地区面临着经济增长与生态保护的双重压力,压力之下妥善处理二者关系,实现生态与经济协调发展,是这些地区必须面对的现实难题。对此,有三种代表性的观点:一是走先生态保护、后经济增长之路。持此论者认为当前我国日益恶化的环境问题主要是由于我国工业化和城镇化发展得太快了,要促进经济持续健康发展,必须优先保护生态环境,主张"去快速工业化""去快速城镇化",甚至"经济零增长"。二是走先经济增长、后生态保护之路。这种观点认为我国环境持续恶化的根源在于我们的发展速度太慢了,要从根本上解决环境污染问题,最重要的是要继续保持高速经济增长,让我们尽快进入以现代服务业为主的高收入阶段。该观点的理论依据是20世纪90年代,由美国经济学家格鲁斯曼(Grossman)等人研究提出的环境库兹涅茨曲线假说。此假说认为环境污染与经济增长之间的关系曲线呈倒"U"形,即经济的起步阶段,环境污染随着经济增长不断加重;经济发达阶段,环境污染则随着经济的增长逐步减轻。发达工业化国家曾经选择"先经济,后环境"(或"先污染,后治理"),其环境变迁过程与环境库兹涅茨曲线非常吻合,因而这条曲线也是发达工业化国家发展路径的真实历史写照。三是走生态与经济协调发展之路。经济增长与生态保护不是单纯对立的关系,而是矛盾统一体。可以在自然资源与生态环境承载力的基础上实现经济的增长,也可以在不牺牲后代人利益的基础上进行发展。经济增长和环境保护相辅相成。这种发展路径有利于实现经济效益和生态效益的双赢,是高原欠发达地区实现经济赶超的绿色之路。

毫无疑问,追求生态保护与经济增长的协调发展是当前我们国家高原欠发达地区的最优选择。然而为什么这条最优路径在推进中碰到了种种现实的阻碍,没有被时下人们全面接受,没有成为欠发达地区普适性选择呢?为什么在我国一些高原欠发达地区仍然存在重经济增长、轻生态保护的行为？一些地方政府为什么仍然选择先开发、后治理,先破坏、后修复的发展道路呢？这些高原欠发达地区肯定清楚"先污染后治理"发展模式将带来的发展代价,但为什么明知如此,仍然这么"非理性"地"义无反顾"呢？笔者认为要回答这些问题,关键是要找寻影响欠发达地区经济行为选择的因素以及选择背后的原因。唯其如此,才能更好地阐释高原欠发达地区道路选择的"非理性"行为,也更有利于全面推进高原欠发达地区生态环境与经济增长的协调发展。出于此考虑,笔者以高原欠发达地区生态与经济协调发展的制约因素为研究对象,通过问卷调查、探索性因子分析等多种研究方法,对我国高原欠发达地区生态与经济协调发展的关键性制约因子进行数据挖掘和分析。在此基础上,利用统计分析方法对挖掘出来的这些制约因子是否科学进行验证,力求深入揭示制约我国高原欠发达地区发展路径选择的影响因素,并对这些制约因素形成的深层次原因进行解析。

第一节 高原生态与经济协调发展的
主要制约因素的挖掘和识别

一、高原欠发达地区生态与经济协调发展制约因素调查问卷的编制

(一)问卷编制目的

为了有效识别制约高原欠发达地区生态与经济协调发展的主要影响因素,了解当前管理者和企业对影响因素的认知,进一步探索如何调动各影响因素的积极性以寻找适合高原欠发达地区生态与经济协调,促进高原欠发达地区经济赶超,并实现其永续发展的对策和措施,为高原欠发达区域管理者及企业更好地实施管理提供理论依据和可行方法。[①]

(二)问卷编制原则

问卷编制遵循下列原则:

①张青峰,吴发启. 黄土高原生态经济分区的研究[J]. 中国生态农业学报,2009(5):1023-1028.

（1）合理性原则：问卷紧扣调查主题，每个问题都与主题紧密相关；（2）明确性原则：问卷的语句通顺，内容通俗易懂，问题明确；（3）简洁性原则：语言简练，问卷格式美观；（4）逻辑性原则：问卷设计的问题之间有一定的逻辑关系，单个问题本身也不要出现逻辑上的错误；（5）整体性原则：问卷要尽可能涵盖所需了解的主要问题或情况。

（三）问卷编制步骤

通过对国内外关于生态与经济协调发展的相关文献进行系统梳理后，发现国内外学者极少运用调查问卷的方法对欠发达地区生态与经济协调发展的制约因素进行实证研究。因此，为了使调查问卷具有较高信度和效度，笔者在借鉴国外成熟调查问卷的基础上，结合既有文献研究内容，采用科学的方法编制调查问卷。

第一，形成调查问卷初稿。按照以上调查问卷设计的原则，通过对国内外期刊、论文、学术会议报告、论著等的搜集、研究进行文献综述，找出制约欠发达地区生态与经济协调发展的影响因素，形成调查问卷初稿。

第二，在确定问卷初稿之后，进行问卷测试，以评估问卷语意表达的准确性和完整性。首先，在由课题组成员组成的学术讨论会上，对问卷中测量条款的合理性和用词准确性等方面进行专门讨论；其次，与相关研究的学者、咨询行业的专家，以及部分从事经济与环境管理方面的实际工作者进行交流，共同探讨问卷内容的合理性和布局等。

第三，结合学者、专家和实际工作者的意见和建议，对调查问卷作进一步的修改和补充，问卷设计和内容力求简洁明了，从而得到最终调查问卷。

此调查问卷共包括16项测量条款。为保持度量口径的一致，调查问卷采用国际主流的利克特量表（Likert Scale），测量条款的结果被量化成5——很强，4——较强，3——一般，2——较弱，1——很弱5个级别。

（四）设计调查问卷

根据调查问卷设计的原则，笔者对高原欠发达地区生态与经济协调发展的制约因素测量条款进行简化、概括和提炼。问卷问题的结果被量化成5级，用数字1~5来表示制约因素作用的强弱：选择5，表示该问项对高原欠发达地区生态与经济协调发展的制约性很强；选择4，表示该问项的制约性较强；选择3，表示该问项的制约性一般；选择2，表示该问项的制约性较弱；选择1，表示该问项的制约性很弱。

二、高原欠发达地区生态与经济协调发展制约因素的描述性统计

本次问卷调查共发放260份问卷，经过整理筛选获取了214份有效问卷，有效问卷回收率达到82.31%。其中，问卷的筛选和处理主要是根据以下原则进行的：一是问卷如果存在漏答，即没有全部填写完的问卷，一律不采用；二是问卷答案如果呈现规律性的作答，一律不采用；三是如果问卷答案中全部选择一个量级值的问卷，一律不采用；四是针对问卷表中的全部16个制约因素，如果答案都仅仅选择很弱、较弱，或者很强、较强这两个极端量值的问卷，一律不采用。

对问卷调查进行统计、分析，其中，平均值反映了变量所有取值的平均水平，并代表样本数据的集中趋势，笔者以算术平均数为计算标准。根据各测量条款调查统计数据分析表（见表2-1），我们可以看出，"F1：高原欠发达地区经济发展所处阶段的刚性，使得经济和生态很难兼顾，往往有所侧重，注重快速城市化和工业化，造成经济结构的先天高碳性；长期依赖的粗放型经济增长方式仍然没有根本改变""F2：以GDP为核心的领导干部政绩考核体系，过于强调经济增长、工业化、城镇化等GDP指标的评价，弱化了对生态环境指标、健康指标等的评价；地区分割，导致生态环境保护方面的责权不统一；无序、不规范的地方过度竞争，分部门的多头管理不仅使生态建设和环境保护的行动难以协调一致，而且容易出现政出多门、政策冲突和政策盲区""F3：污染治理技术、废物利用技术、节能减排技术和清洁生产技术等有利于生态环境保护的技术创新力度不足；技术提供方缺乏全球公共视野、技术接收方法律不完善等阻碍了国际技术的迅速扩散、转让""F5：信息披露制度、碳汇制度、激励制度等政府环境规制建设滞后；环保法律法规建设还不健全，执行不力、监督不到位，导致注重生态与经济协调发展的外在压力和内在动力严重不足""F7：生态与经济协调发展实质上是一种发展模式选择，而这种选择与否和执行在很大程度上取决于政府领导者的意愿与倾向，取决于政府对循环经济、绿色经济、生态经济、低碳经济等新型经济模式的倡导、贯彻执

行和政策引导"等测量条款对高原欠发达地区生态与经济协调发展影响较大。

表2-1　各测量条款调查统计数据分析表

测量条款	最小值	最大值	平均值	标准差
F1	3	5	4.406 25	0.744 117 556
F2	2	5	4.218 75	0.738 849 401
F3	3	5	4.25	0.707 106 781
F4	1	5	3.5	1.118 033 989
F5	2	5	4.0	0.790 569 415
F6	2	5	3.562 5	0.867 367 185
F7	2	5	3.968 75	0.809 489 615
F8	2	5	3.812 5	0.881 670 999
F9	2	5	3.718 75	1.007 297 591
F10	1	5	3.031 25	1.424 876 639
F11	2	5	3.937 5	0.863 767 185
F12	1	5	3.718 75	0.874 441 786
F13	2	5	3.812 5	1.013 579 671
F14	2	5	3.182 5	1.157 516 199
F15	2	5	3.406 25	0.963 696 497
F16	2	5	0.562 5	0.826 797 285

　　标准差可以反映调查样本数据的分散程度。标准差越小,表明样本数据的同构性越高,即数值越集中在平均数的附近;反之,标准差越大,表明样本数据同构性越低,越具有异质性,即数值越分散。从表2-1中可以看出,"F4:我国'富煤、贫油、少气'的能源结构决定了以煤炭等石化燃料为主的能源结构在今后相当长的一段时间内不会发生根本性改变,温

室气体排放进一步增加趋势很难得到彻底性扭转;我国能源利用率低下,再生能源开发不足"“F9:多年来一味地'环保靠政府',不仅使环保投资主体单一化,也使计划经济时代的计划机制在环保投入领域延续下来。基本建设资金、城市维护费、更新改造资金和超标排污费是最主要的环保投资渠道,资金主要靠各级政府预算资金和预算外资金。但是,由于政府财政资金有限,导致政府现行的投融资供给能力不足"“F10:随着人民生活水平的提高,欠发达地区人口死亡率大幅下降,在一些地区不同程度地出现了人口超载现象;高原欠发达地区是我国的贫困人口聚集地,加剧了对资源的掠夺性开发,使原来脆弱的生态环境进一步恶化"“F13:新一轮国际产业结构的调整过程中,中国承接了相当部分劳动、资本密集型、高消耗、高污染的产业;国家的产业转移政策,使得污染严重的产业从发达的沿海或东部地区向欠发达的高原地区转移"“F14:欠发达地区日益恶劣的生态环境,如工业废气中的二氧化硫、烟尘、工业粉尘等,工业废水中氨氮、化学需氧量、挥发酚等,工业固体废物中钢铁废渣和粉煤灰等超标,物种生存条件恶化;森林和草地锐减,导致严重的水土流失和土壤沙化;水资源严重短缺等"这5项测量条款评价值的标准差均大于1,这表明这些测量条款的评估价值比较分散,不同调查人员对这些测量条款的评分存在较大差异。

三、高原欠发达地区生态与经济协调发展主要制约因素的因子分析

(一)因子分析法概述

在社会、经济等领域的研究中往往需要对反映事物的多个变量进行多样本的观察,收集大量的数据,以便进行分析,进一步寻找规律。在大多数情况下,许多变量之间存在一定的相关关系。因而,有可能用较少的综合指标分析存在于各变量中的各类信息,而各综合指标之间彼此是不相关的,代表各类信息的综合指标成为因子。因子分析法(factor analysis,FA)就是用少数几个因子来描述许多指标或因素之间的关系,以较少几个因子反映原始资料大部分信息的统计学方法,即用较少的相互独立的因子变量来代替原来变量的大部分信息。

(二)KMO检验和巴特利特球形检验

因子分析的前提是变量之间的相关性。只有变量之间相关性较高，才适合进行因子分析。变量间相关性检验的方法主要有：一是KMO(Kaiser-Meyer-Olkin)检验，它是指所有变量的简单相关系数的平方和与这些变量之间的偏相关系数的平方和之差，用来检验当前因子分析的样本数量是否足够，是检验数据样本是否适合进行因子分析的指标。一般而言，KMO的值在0.9以上，认为是非常适合；0.8~0.9为很适合；0.6~0.8为可以；0.5~0.6表示不太合适；0.5以下意味着不适合进行因子分析。二是巴特利特(Bartlett)球形检验。巴特利特球形检验统计值的概率显著性小于等于0.001时，拒绝原假设，可以进行因子分析。

(三)共同度分析

对整体数据进行因子分析，得出了16项高原欠发达地区生态与经济协调发展制约因素测量条款的初始共同度和提取4个主要制约因素之后的再生共同度。

第二节　高原地区生态与经济协调发展的主要制约因素及制约原因

一、高原地区人力资源因素制约生态与经济协调发展的原因分析

已有的研究表明，阻碍经济社会发展的最主要障碍并不是自然资源，也不是物质资源、制度资源，而是人力资源。人力资源发展的滞后使得物质资源与自然资源不能够有效充分被利用，使得先进的技术无法实施，先进的制度安排、具有前瞻性的经济社会发展思想无法诞生。因此，人力资源已成为许多发展中国家或地区经济社会发展的"瓶颈"或"短边"生产要素。人力资本理论之父、诺贝尔经济学奖获得者舒尔茨(Schultz)在关于"穷人经济学"的演讲中指出，穷国贫困的关键因素不是别的，而是人力资源，进行人力资源开发，改善人口质量，提升人力资源存量，可以显著地转变穷人的观念，提高穷人的经济前途和福利。因此，

高原地区生态与经济协调发展的主要制约因素是人力资源因素,而制约高原地区人力资源开发的原因主要有以下几个方面。[①]

（一）高原欠发达地区人力资源开发力度严重不足,人口整体素质偏低

第一,从我国人口受教育程度统计数据来看,高原欠发达地区人口受教育程度偏低,初中后教育发展滞后,特别是西部地区初中后教育严重不足,高素质人才短缺,人力资源结构性矛盾突出。

第二,从我国人均受教育年限指标来看,高原地区基本能与全国水平持平,但一些欠发达地区人均受教育年限明显低于全国的平均水平。平均受教育年限是评价一个地区人口受教育水平的重要指标。考虑到各级教育阶段受教育年限变动方面的因素,这里将受过大学、高中(包括中专)、初中、小学教育的分别按15年、11年、8年和5年计算,不识字和识字很少者按1.5年计算,这样根据加权平均数方法可以得到目前我国各地区15岁及以上人口平均受教育年限。

第三,从我国高等教育毛入学率指标来看,高原地区高等教育发展较为不足,与沿海发达地区相比存在较大差距。高等教育毛入学率是指高等教育在学人数与适龄人口之比。高等教育毛入学率通常作为衡量一个国家高等教育发展的相对规模的指标。国际上通常认为,高等教育毛入学率在15%以下时属于精英教育阶段,15%~50%为高等教育大众化阶段,50%以上为高等教育普及化阶段。欠发达的高原地区高等教育毛入学率非常低,大多数低于全国平均水平,与东部发达地区存在较大的差距。

（二）高原欠发达地区存在或轻或重的公共财政教育投入偏低问题,在生均教育经费投入上尤为明显

人力资源是第一资源,是经济社会发展的内生动力。经过多年的努力,我国已成为人力资源大国,但还不是人力资源强国。为了建成人力资源强国,近年来,我国教育总体投入不断增加,但从各地区公共财政教育投入情况来看,还有不足和不平衡的地方。因此,要促进高原地区生态与经济协调发展,必须改善公共财政教育支出地域结构失衡状况,相

---

①淡亚君.青藏高原生态经济与经济发展协调问题初探:以青海省为例[J].青海金融,2007(2):19-22.

关财政教育支出应向高原地区的一些欠发达地区倾斜。

（三）我国科技人才地区分布不平衡，欠发达的高原地区科技创新人才数量不足、流失严重，且这种分布不平衡还在加剧

技术创新是经济发展的动力源泉，实现生态与经济协调发展需要技术创新。技术创新水平受制约将难以为高原欠发达地区实现生态与经济协调发展提供支撑。当前，我国科学技术创新水平不足，技术创新投入产出的效率不高。

从全国来看，我国高原欠发达地区技术创新投入产出效率更低，深究其原因在于欠发达地区严重缺乏高水平的科技创新人才。我国科技创新人才主要集中在东部地区，东部和西部科技创新人才的数量差距明显，且我们可以预判，如果不采取有效的调控政策，这种差距还将进一步加大。

同时，高原地区科技创新人才流失严重。在经济发达地区优越条件的吸引下，很多中、西部省区的科技人才大量外流，有人把这种现象比喻成"孔雀东南飞""一江春水向东流"。在流向经济发达地区的人才中，年轻、职称高和学历高的科技创新人员占较高比例，而这些人才往往正是中、西部地区急需的紧缺人才、拔尖人才和企业骨干。时至今日，伴随着国内高端人才市场的急速扩大，东部高校的人才"原始积累"已经完成，虽然不再关注像西部一些高原地区高校的一般教师和科技人员，但以"长江学者"为代表的高端人才依然是东部高校引援的重点目标。

二、高原地区经济发展水平因素制约生态与经济协调发展的原因分析

经济发展与环境污染之间的关系经常呈现为倒"U"形曲线，即环境库兹涅茨曲线。当一个国家或地区经济发展水平较低的时候，环境污染的程度较低，但是随着人均收入的增加，环境污染程度由低趋高，环境恶化情况随经济的增长而加剧；当经济发展达到一定水平后，也就是说，到达某个临界点或称"拐点"以后，随着人均收入的进一步增加，环境污染程度又由高趋低，生态环境逐渐得到改善。美国、英国和日本等发达国家的历史经验也验证了这一理论。

当前，我国高原地区大多数选择走快速工业化和城镇化发展道路，正

处于环境库兹涅茨曲线上的"爬坡"阶段。这一阶段,高原地区为摆脱落后状态,大力发展冶炼、化工、机械制造等重工业,使经济保持了高速增长态势,极大地推动了经济社会的发展。但是,事实已经证明,这种发展模式消耗了大量的物质材料和能源,使生态环境受到极大的破坏,资源安全问题已经逐渐被提上重要的议事日程。例如淡水供应日趋紧张,水源危机已经来临,许多地区淡水供给严重不足,已成为经济增长和粮食生产的重大障碍。在此,我们不禁要问,城市化、工业化会消耗大量的能源以及排放大量的污染物质,对生态环境造成不良影响,那么我国大多数高原地区为什么仍然要选择走这种快速工业化和城镇化道路?其背后的真正原因到底有哪些?具体来讲,主要有以下几个方面。

(一)经济基础非常薄弱

衡量一个国家或地区经济基础的宏观经济指标有很多,其中,人均GDP最为常用,它是人们了解和把握一个国家或地区宏观经济运行状况的有效工具。近年来我国各地区人均GDP实现了两位数的高速增长。虽然一些欠发达的高原地区近年来取得了经济上的快速发展,人均GDP指标增速很快,远远超过了经济发达的东部地区,但是经济总量与东部地区相比仍相差很大,这说明我国高原地区经济基础还非常薄弱。因此,促进经济快速持续增长在相当长时期内仍是这些地区的首要任务,经济发展低水平的刚性阶段短期内难以逾越。

(二)城镇化水平过低

城镇化又称城市化、都市化,是指农村人口向城镇聚集、城镇规模扩大以及由此引起一系列经济社会变化的过程,其实质是经济结构、社会结构和空间结构的变迁。从经济结构变迁来看,城镇化也就是农业活动逐步向非农业活动转化和产业结构升级的过程;从社会结构变迁来看,城镇化是农村人口逐步转变为城镇人口,以及城镇文化、生活方式和价值观念向农村扩散的过程;从空间结构变迁来看,城镇化是各种生产要素和产业活动向城镇地区聚集以及聚集后的再分散过程。反映城镇化水平高低的一个重要指标为城镇化率,即一个地区城镇的常住人口占该地区总人口的比例。城镇化是世界各国工业化进程中必然经历的历史阶段,是现代化的必由之路。从数据来看,高原地区是我国城镇化发展亟须突破的重点地区,直接影响着我国城镇化的整体水平。

(三)我国的高原地区尚有大量相对贫困的地区

如果一个地区非常富裕,那么它们更容易选择生态与经济协调发展的道路,相反则更可能选择走快速工业化和城镇化道路,经济增长和生态保护这两个方面在不同的发展阶段应有所侧重。我国高原地区受地理位置和环境因素影响,仍存在大量相对贫困的地区。

三、高原地区环境资源市场因素制约生态与经济协调发展的原因分析

生态与经济协调发展的核心问题是稀缺环境资源的有效配置,而市场经济是迄今为止最能实现稀缺环境资源有效配置的经济体系。微观经济学已经证明了市场运行机制下平等竞争所形成的均衡价格,可以引导稀缺环境资源实现最佳配置。价格是资源商品化后对稀缺性的度量,是资源供给与需求的综合反映,对稀缺环境资源配置起着至关重要的作用。在价格的引导下,经济资源在各部门间流动,使得社会资源得到调整,最终实现资源的合理配置。因此,只有当价格成为环境资源稀缺性的有效反映时,才能引导稀缺环境资源的合理配置;如果价格不能正确反映环境资源的稀缺程度,则错误的价格信号就会导致市场混乱和资源配置不当。价格机制解决了微观经济学提出的"生产什么""如何生产"和"为谁生产"的资源配置问题。目前环境资源问题产生的根源在于环境资源市场失灵,尚未建立健全完善的环境资源市场价格运行机制,致使环境资源的市场价格没能反映其稀缺程度。造成环境资源市场失灵的重要原因主要有以下两个方面。

(一)环境资源产权不完全或不存在

市场经济就是产权经济。产权是经济所有制关系的法律表现形式,其包括财产的所有权、占有权、支配权、使用权、收益权和处置权。在市场经济条件下,产权清晰是治理环境污染、生态破坏行为的重要前提。高原地区的自然资源属国有或集体所有,但是不同种类、不同地域、不同时间的资源普遍存在着国家所有权和集体所有权界定不清和混乱问题。除此之外,产权主体严重缺位。我国大部分高原地区"集体"已成"空壳",集体经济组织已经名存实亡,根本没有具有法人资格的集体所有者

来行使所有权。自然资源所有权主体的缺位,使其就像没有了父母的孩子,没有谁真正关心它的好坏,破坏、浪费及污染似乎也成了必然。自然资源产权模糊以及产权主体的缺位,对生态环境保护领域市场机制的引入、利用形成了很大的障碍,给"权钱交易"寻租行为的产生铺设了温床。

环境资源市场价格实质就是环境资源的产权价格。只有当环境资源的市场价格等于其相对价格时,市场价格机制才能在环境资源配置中发挥正常作用。正是资源环境产权界定的不清晰,使得我国资源环境市场价格机制发生了扭曲,从而导致了环境资源稀缺程度与市场价格的脱节,导致了环境资源生产与消费中成本与收益、权利与义务、行为与结果的背离,这是环境恶化的根源。只有当市场价格可以有效地反映资源的稀缺程度时,市场机制才能有效运转。但是,只有在产权明晰的条件下,市场价格才能等于相对价格,等于使用该稀缺资源的边际成本。

(二)环境资源的公共物品属性

《现代经济辞典》中对公共物品的定义是:公共物品,又称"公共产品""公共品",指既没有排他性也没有竞争性的产品和服务。环境资源与一般公共物品在一些方面存在着差异。环境资源作为一种具有特殊性质和特殊形式的自然和社会的存在,涉及人类社会的方方面面,是整个人类社会赖以存在和发展的基础。随着人类开发自然能力的提高和环境资源本身所具有的各种自然性质,环境资源呈现出自然和社会方面的多种特性。

自然属性的环境资源包括自然界自然存在的一切,如阳光、空气等,它们的产生、变化和消亡是不以人的意志为转移的。但是人类在使用这些物品的过程中,不同程度地对这些物品产生了一些影响,如人类活动所产生的温室效应使全球气候变暖,人类活动会对空气、水造成直接污染。尽管具有自然属性的环境资源大部分是由自然界提供的,但从客观方面来讲它与一般公共物品的基本特征是相同的,即具有非竞争性和非排他性。因此,可以根据自然属性的环境资源的基本特性将其分为三类:第一类是纯环境资源,如阳光、大气、生物多样性等;第二类是虽然消费上具有非竞争性,但是可以做到排他,如原始森林、公园、海滨、沙滩等;第三类在消费上具有竞争性,但是无法有效地排他,如水资源、草原。第二类与第三类可以称为准环境公共物品,这类自然属性的环境资源对于人类和其他生物的生存和发展非常重要。另外,社会属性的环境资源是人类的生活环境条件,主要是由政府、企业和一些非政府组织提供的,比如居住、交通、饮食、娱乐、文化教育、商业和服务业等环境,其供给的目的是保护环境、利用环境、创造环境。许多社会属性的环境资源也体现出公共物品消费的非竞争性和收益的非排他性特征。因此,可以根据环境资源的不同表现形态将其分为三类:第一类是实体性的环境,如人文景观、绿化工程、城市环保设施等;第二类是文化性的环境,如环保活动、绿色文化等;第三类是服务性的环境,如文体、教育、商业服务、交通运输、医疗、居住条件等。

环境资源可分为不同的类型,我们应该根据不同类型的环境资源建立环境资源市场价格体系,利用市场的"无形"之手配置日益稀缺的环境资源,改变我国当前低碳经济、绿色经济、循环经济等生态与经济协调发展的经济形态只由政府推动的局面。

四、高原地区生态文明体制因素制约生态与经济协调发展的原因分析

市场是有效配置资源的重要手段,但市场也会失灵。比如大气环境容量具有天然的产权模糊性,气候变化等环境问题有着明显的外部性。某个经济主体的生产消费活动引起的温室气体排放过量会产生负的外部性,而对于温室气体排放采取的控制行为则会产生正的外部性。当存在外部性时,自由市场难以界定外部环境成本或外部环境收益的归属。所以自由市场经济在温室气体减排中不能发挥理想的作用。由于温室气体减排以及低碳经济发展存在着市场失灵,因此,在引导节能减排和保护环境的过程中,还应充分发挥政府这只"有形"之手的力量,在制定减排政策、选择减排工具、进行产业规划等方面承担重要责任,着力建立健全生态文明体制。《中共中央关于全面深化改革若干重大问题的决定》中指出,要"紧紧围绕建设美丽中国深化生态文明体制改革,加快建立生态文明制度,健全国土空间开发、资源节约利用、生态环境保护的体制机制,推动形成人与自然和谐发展现代化建设新格局"。但是,我们也要看到现行法制、体制和机制还不能完全适应生态文明建设的需要,存在较多制约科学发展的体制机制障碍,使得发展中不平衡、不协调、不可持续

的问题依然突出。

(一)现有的环境法律、法规体系不够健全

我国环境保护法律法规中主要存在四个方面的不足:一是环保法律修订滞后。尽管我国以《宪法》和《环境保护法》为基础,颁布了一系列环境保护的法律法规以及部门规章,但仍滞后于环境保护实践的需要。比如大气中的细颗粒物($PM_{2.5}$)在2011年才纳入监测体系,控制目标和措施严重滞后;又如森林碳汇在现行《森林法》中没有相应体现。二是法律法规震慑力不足,且执行过程中自由裁量空间太大,执法不严。例如刑法第三百三十八条明确规定,只有当排污行为严重污染环境时才会受到处罚,对于一般的排污行为,刑法并无论及。违法排污处罚的最高金额是100万元,这对现代化的大规模企业缺乏威慑力。有学者指出:"统计数据显示,我国环境违法成本平均不及治理成本的10%,不及危害代价的20%。"除此之外,相关法律法规在执行中自由裁量空间太大,造成法规执行随意性强,"按需落实""按人执行",对违法企业的处罚力度、执法力度不足,降低了法规的权威性和实际执法的效果。三是相关法规存在"碎片化"甚至相互抵消的情况。如固体废弃物资源化利用的相关规定在清洁生产促进法、循环经济法、环境保护法等法规中均有涉及;污染控制和节约能源的法规相对独立,造成为了污染控制而忽略节约能源,为了节约能源而弱化环境保护的现象。许多污水处理厂和工厂脱硫设施建好后闲置而不运行,究其原因,除了考虑经济利益外,法规的不同指向也是一个重要原因。四是相关法规条文原则性强、操作性弱。相关条文需要经过细则、条例、政策来细化、落实,而这些细则和政策多具有临时性,缺乏长远性,导致政策多变、不连续问题产生,令投资商和生产企业无所适从,难以从长计议。如2005年我国颁布的《可再生能源法》全文不足4 000字,基本不含操作层面的细则。

(二)环保管理体制不完善

我国环境保护实行的是各级政府对当地环境质量负责,环境保护行政主管部门统一监督管理,各有关部门依照法律规定实施监督管理的管理体制。在这种管理体制下,我国政府加大了环境保护和污染治理的力度,各地高度重视环境保护工作,取得了一系列成绩。但全国环境形势

非常严峻,尤其是近年雾霾等重大污染事件相继发生,使现有的环境保护管理体制显得力不从心。这说明我国环境保护管理体制还存在环境保护相关法律建设落后、环保部门缺乏权威性、环保监督机制不健全等诸多问题亟待解决。

第三节 制约高原生态与经济协调发展的典型案例分析

本节以甘肃省甘南藏族自治州玛曲县为例来进行阐述。

一、玛曲县生态环境与社会经济评价

(一)玛曲县生态环境评价

玛曲县地处甘、青、川三省交界处,位于青藏高原东北部边缘区,处于甘南藏族自治州西南部。发源于青海省巴颜喀拉山,流经果洛藏族自治州的黄河从南、东和北面三面环绕玛曲县,在玛曲县境内形成了433千米的"天下黄河第一弯"。玛曲县是黄河上游重要的水源补给区,在整个黄河体系中发挥着十分重要的作用。但由于全球气温变暖、人口增长、草地超载过牧、鼠虫害等因素的多重影响,玛曲草地沙化问题日益加剧,湿地面积萎缩,水土流失、生物多样性锐减现象严重,导致水质净化能力减弱、蓄洪抗旱能力减弱、蓄水径流能力逐年衰减。玛曲的生态环境功能不仅直接影响5.7万名居民的生计,而且制约黄河上游乃至下游地区工农业生产的稳定发展,对整个黄河流域的可持续发展具有全局性的重要影响。

(二)生态环境现状分析

1.地质地貌

玛曲县境内地势高亢,高原和山地相间。西部高山区,主要以阿尼玛卿山和西倾山两大山系为主脉。由西向东横贯县域中部的阿尼玛卿山,最高海拔4 806米,平均海拔多在4 000米以上。中部偏南是阿尼玛卿山和西倾山的山前地带,为平缓的丘陵地带。黄河沿岸滩地平均海拔在3 300米左右,地表平坦宽阔,水草丰盛。

2. 气候

玛曲县属青藏高原亚寒带的半湿润地区。由于受大气环流和高原地貌的影响,气候特征为高寒多雨,长冬无夏,全年无明显的四季之分,仅有冷暖之别。县域气温年较差小,日较差大,多年平均气温约为1.1℃。7月份平均气温最高,为11.7℃,极端最高气温为25℃,全年暖季有51天;1月份平均气温最低,为-9.7℃,极端最低气温达-30℃,全年冷季长达314天左右。太阳辐射强烈,年平均日照时数达2 583.9小时,日照时数以12月为首,平均为237.2小时;9月最少,平均为168小时。年平均降水量为615.5毫米,年平均降雪日数为55.4天,年平均蒸发量为1 353.4毫米,相对湿度约为62%。一般年平均风速为2.5米/秒,最大风速为36米/秒。

3. 土壤

玛曲县土壤类型丰富多样,共有7种土类。其中,以亚高山草甸土分布面积最大,主要分布于低山地区;高山草甸土和草甸土分别分布在高山地区和黄河冲积扇、滩地上;沼泽土分布在山间盆地地下水涌出地带;暗棕壤分布在高山阴坡处;泥炭土集中连片分布于曼日玛、采日玛的乔科滩和欧拉的扎西滩。

4. 植被与生物

玛曲县境内植被以草地和林地植被为主,其草地植被属川西藏东高原灌丛草甸。由于气温变化的梯度较大,植被分布主要表现为两大类:一是从滩地到高山垂直地带分布;二是从温性草原化草甸到高寒草甸与灌丛的分布,以耐寒的中生灌木和多生草本为主。县域草场面积辽阔,草地类型繁多,以亚高山草甸草地为主,分布在海拔为3 400~3 900米的中低山地、丘陵、洪积冲积滩地和河谷地区;灌丛草甸草地主要分布在宽谷滩地、沟谷、山地阴坡等地区。林地植被主要有灌木林和高寒针叶林,其中灌木林主要分布在黄河沿岸和河谷地区,种类有灌木林、矮生柳等;高寒针叶林主要分布在阿尼玛卿山和西倾山地区,种类有祁连圆柏、冷杉等。

有着优质草场的玛曲是河曲马、阿万仓牦牛、欧拉羊和中华藏獒四大优良畜种的产地。同时,境内野生动物种类繁多,有国家一级保护动物10余种,如黑颈鹤、雪豹等;有国家二级保护动物20余种,如马鹿、棕熊等。除此之外,玛曲县具有丰富的植物药材资源,具有良好的药用价值,如独一味、红景天、冬虫夏草等。

5. 水文

玛曲县属黄河流域的上游地区,境内黄河流域面积为8 850平方千米,流经433.7千米,于欧拉秀玛乡流入青海省。黄河玛曲段水资源量为37.66亿立方米,水资源理论蕴藏量为181.23万千瓦,年发电量为132.7亿千瓦时,但目前水资源利用率较低,仅为0.2%。

黄河玛曲段的一级支流有白河、黑河等27条,二、三级支流300多条。河曲水深变化大,常水期为3.5米,洪水期为8米,枯水期为1.5米。黄河在青海省吉迈站径流量为38.91亿立方米,但在玛曲段内水量增加达108.1亿立方米,占黄河源区总径流量(184.1亿立方米)的58.7%,因而玛曲对黄河水源有着十分特殊的涵养作用,被誉为"黄河蓄水池"和"高原水塔"。

玛曲境内河流、湖泊密布,玛曲湿地是青藏高原湿地类型中保存最完好、物种资源最丰富的高原沼泽湿地,是全国十大高原湿地之一。湿地总面积315万亩,集中连片的有阿万仓贡赛尔喀木道湿地、采日玛和曼日玛交接处的朗曲乔尔干湿地、河曲马场沼泽湿地和尼玛沼泽湿地等。

(三)生态脆弱性评价

玛曲县属于我国青藏高原复合侵蚀生态区,是极具敏感退化趋势的生态脆弱带,具有海拔较高、气温寒冷、生态系统结构简单、抗干扰能力弱和易受全球环境变化影响等生态稳定性差特点。因此基于甘南高原生态系统形成机制对玛曲县生态脆弱性进行系统评估尤其重要,可在改善生态环境、提高研究区可持续发展能力方面发挥重要作用。

1. 评价指标体系

笔者基于脆弱生态系统的形成机制和玛曲特殊的地理位置及生态环境,构建生态脆弱性评价指标体系。玛曲县脆弱的生态系统是由气候变化等自然因素和人类活动等人为因素两个方面共同导致的。位于青藏高原东部边缘区的玛曲县海拔较高、气候寒冷阴湿,植被以亚高山草甸为主,结构单一,这些因素决定了玛曲县生态系统对外部干扰响应敏感,易出现生态退化现象;加上超载过牧的人类活动改变了玛曲县生态系统的稳定状态,同时又受到全球气候变化的影响,使玛曲县生态系统常常处于临界状态,对研究区生态系统产生缓慢又长远的影响。

通过相关数据分析发现,研究区域伴随着人口数量的增多,为促进经济社会快速发展而对生态资源过度开发与利用。尤其是在生态环境日益严峻的趋势下,人类对资源的需求越来越大,过度超载放牧造成草畜矛盾尖锐,导致草原涵养水源功能下降,超载率不容乐观。草场生态失衡成为限制玛曲县可持续发展的主要原因。因此,在未来的发展过程中,需将生态平衡尤其是如何做到草畜平衡作为发展的重中之重。在自然因素中,年均温对生态脆弱性评价影响程度最大,其次是年降水量,最后是年均植被覆盖率。气候特征成为权重最高的一项指标,尤其受到全球气候变化的影响,玛曲县气候变暖,蒸发加大,使得草场大面积沙化、湿地萎缩、湖泊蓄水能力降低,自然生态系统的完整性和稳定性遭到破坏。

人类活动因素成为玛曲县生态危机的主导因素,尤其是人口的压力导致供需矛盾激增,因此草畜平衡成为玛曲县可持续发展的主要路径。

玛曲县的生态环境属于中度脆弱,其生态脆弱等级为Ⅱ级。其中采日玛乡为重度脆弱,脆弱等级为Ⅳ级;欧拉乡、齐哈玛乡、曼日玛乡为中度脆弱,脆弱等级为Ⅲ级;尼玛镇、欧拉秀玛乡、阿万仓乡为轻度脆弱,脆弱等级为Ⅱ级;木西合乡为微度脆弱,脆弱等级为Ⅰ级。

生态脆弱性空间分布特征为:县域中东部及东部偏南地区生态脆弱较严重,脆弱等级较高;县域西南部生态脆弱性较轻,脆弱等级偏低。其中东部偏南地区主要包括采日玛乡、曼日玛乡和齐哈玛乡,北部黄河沿岸有欧拉乡、尼玛镇等,其生态脆弱性指数较高;中南部及西部主要是阿万仓乡、欧拉秀玛乡和木西合乡,其生态脆弱性指数较低。

从空间内部结构来看,生态脆弱性主要受到气候特征、经济压力和人口压力三个方面的影响。其中以人口压力为主导影响因素的是尼玛镇,以经济压力为主导影响因素有欧拉乡、欧拉秀玛乡、木西合乡、齐哈玛乡和曼日玛乡,以气候特征为主导因素的是采日玛乡,只有阿万仓乡受到经济压力和人口压力的双重影响。

草原沙化和退化现象成为玛曲县生态脆弱性的典型表现方式。甘南藏族自治州的沙化草原和流动沙丘几乎全部分布在玛曲县,其中流动沙丘和沙化草原面积最大的乡镇是欧拉乡、曼日玛乡和尼玛镇。天然草地沙化、退化严重,导致草地生产能力大幅度下降,造成草畜矛盾日益突出。由于气候变化,造成地表径流量和土壤含水量锐减,致使曼日玛乡、欧拉乡和欧拉秀玛乡的湿地沼泽严重退化,再加上人类超载过牧使原有大多数湿地沼泽变成了砾石滩和植被稀疏的黑土滩、盐碱滩等,直接影响玛曲县的生态安全。

综上所述,玛曲县生态脆弱性主要分为4个等级,并具有一定的空间分布规律。生态脆弱程度主要受气候变化、经济压力和人口激增的影响,草原"三化"成为玛曲县生态脆弱的典型表现。

2. 生态系统的安全性评价

素有"黄河蓄水池""中华水塔"和"亚洲第一牧场"之称的玛曲县,有着重要的生态安全屏障作用,其生态安全性直接影响着黄河中下游地区的水系生态。

相关数据表明,玛曲县在人均生态承载力方面,2010—2013年草地、林地、水域的生态承载力均呈现逐年下降趋势,其中草地生态承载力下降速度最快,其次是林地,最后是水域;2010—2013年建筑用地的生态承载力呈现上升趋势,上升速度较缓。人均生态足迹方面,2010—2013年耕地、草地、化石能源用地均呈现上升趋势,其中草地生态足迹上升幅度最大,其次是化石能源用地,最后是耕地;建筑用地的人均生态足迹呈现先上升后下降的倒"U"形演变趋势;水域生态足迹呈现下降趋势。其结果为耕地、草地和化石能源用地呈现人均生态赤字状态,林地、建筑用地和水域呈现人均生态盈余状态。

玛曲县总人数从2010年的5.47万人增加至2013年的5.64万人。呈上升趋势的人口对耕地、草地所生产的生物以及能源的需求越来越多,但近几年生态环境的破坏使得耕地、草地及化石能源用地的人均生态赤字呈现逐年增加趋势,供需矛盾较为明显。玛曲县属青藏高原亚寒带半湿润地区,长冬无夏,仅有冷暖之别,气温年较差较小,日较差较大,多年平均气温约为1.1℃,高寒天气不适合农作物生长,又是一个纯牧业县,因此耕地的生态压力在持续增加。牧业用地占整个县域土地面积的96%,在土地类型中占绝大部分,草地植被属川西藏东高原灌丛草甸。但由于近十几年自然因素变化以及不当的人为因素造成草地沙化严重、草场超载过牧,草畜矛盾突出,使得牧草地供需矛盾日益凸显。在实际生活中人们没有留出吸收二氧化碳的化石能源用地,因此化石能源用地长期处于生态赤字状态,并呈日益严重趋势。

2010年国务院颁布《全国主体功能区规划》将玛曲县列为甘南黄河

重要水源补给生态功能区,将其作为黄河上游水源涵养的核心区,属限制开发区,并明确提出以保护和修复生态环境为首要任务,限制其进行大规模高强度开发,对占土地面积6.9%的林地和水域以保护为主,因此林地和水域属于生态盈余状态。我国有六大牧区,包括内蒙古、新疆、西藏、青海、四川和甘肃。玛曲牧区是甘肃最优良的牧区,其90%的人口都是藏族群,牧民人数占绝大多数,属于典型的游牧经济发展模式。为解决牲畜牧草问题,牧民会根据当地情况的变化不断调整迁移模式。但在20世纪下半叶,玛曲地区开始推行游牧民族定居工程,但由于牧民心理接受过程缓慢、对文化冲突需经历调整—适应过程等原因,定居推行效果并不明显,尚未定居的游牧民约有3.2万人,占总牧业人口的85%,因此建筑用地的生态盈余状态总体呈增加趋势。

综上所述,玛曲县土地类型中呈现人均赤字状态的是耕地、草地和化石能源用地;呈现人均生态盈余状态的是林地、建筑用地和水域。其中人均生态足迹升幅最大的是草地,草地是人均生态承载力下降幅度最大的土地类型,人均承载力上升幅度最大的是建筑用地。

人均生态赤字和生态安全性分析。玛曲县一直处于人均生态赤字状态,人口对生态的需求已经超出生态承载力范围,且赤字状态逐渐增大,生态供需矛盾尖锐。玛曲县人均生态承载力呈现小幅度逐年下降状态,人均生态足迹呈现逐年增长状态。总体而言,城镇经济和社会发展的推进对生态环境造成的压力日益凸显。

通过对玛曲县生态压力指数的测算,玛曲县生态压力指数呈现上升趋势。根据生态压力指数等级划分标准判定,近几年玛曲生态安全性评价表征为较不安全状态,为第四等级。这表明,玛曲县生态环境已承受一定压力,且压力处于逐渐上升状态,并一直处于较不安全趋势,这对玛曲县生态环境与经济社会的可持续发展提出了严峻挑战。减缓生态环境压力,改变生态不安全表征成为玛曲县实现可持续发展的首要任务。

总结如下:

采日玛乡为重度生态脆弱,欧拉乡、齐哈玛乡、曼日玛乡为中度生态脆弱,尼玛镇、欧拉秀玛乡、阿万仓乡为轻度生态脆弱,木西合乡为微度生态脆弱。玛曲县的生态脆弱程度主要受气候变化、经济压力和人口激增等因素的影响,其中,人为因素尤其是人口压力是造成玛曲县生态环境恶化、生态系统失衡的主要原因。生态脆弱性空间分布特征为县域中东部及东部偏南地区生态脆弱较严重,脆弱等级较高;县域西南部生态脆弱性较轻,脆弱等级偏低。

玛曲县人均生态赤字状态且生态压力紧迫,生态供需矛盾尖锐。玛曲县人均生态承载力呈现小幅度趋减状态,其生态足迹呈现逐年上升趋势。玛曲县生态压力指数呈现上升趋势,并一直处于较不安全趋势。其中,草地是人均生态足迹涨幅最大的土地类型,同时也是人均生态承载力下降幅度最大的土地类型;人均承载力上升幅度最大的是建筑用地。玛曲县土地类型中呈现人均赤字状态的是耕地、草地和化石能源用地;呈现人均生态盈余状态的是林地、建筑用地和水域。

二、生态环境与经济发展耦合关系研究

近年来,玛曲县生态环境恶化,生态危机加重,这无疑对玛曲县可持续发展的实现提出挑战。特别是草场退化、沙化现象明显,对玛曲县经济的发展(尤其是对畜牧业的发展)造成了一定的阻碍。气候变化及过度的人为开发,导致玛曲县生态环境恶化,比如草场草量减少、牲畜死损率上升等,这些变化对畜牧业的发展及经济的发展造成了一定的负效应。

气候变化对牧草产量的影响。草原上牧草的自然正常生长对水分有一定的要求。近年来,玛曲县气候变化趋势由暖湿型转变为暖干型。伴随玛曲县温度的增高,空气湿度的降低,当地牧草对水分的需求呈现急迫态势。总的来说,由于气候的暖干型变化造成牧草产量下降,牧草质量降低,使得草业生产能力不足,严重影响到玛曲县畜牧业的永续发展。

气候变化对牲畜死损率的影响。近年来,玛曲县温度和干燥度都明显增加,尤其是冬季的时候,温度增幅明显。伴随着气温的升高,牲畜死损率呈现上升趋势。这是由于气候的变化影响使得天然牧草品质不高,劣等牧草、杂草和毒草数量增幅大,造成牲畜死损率变动较大,从而影响牲畜肉产量,直接威胁畜牧业的可持续发展。

(一)综合评价和协调发展分析

玛曲县生态、经济和社会系统的综合评价指数在不同年份呈现不同变化。生态系统综合评价指数从2010年到2013年呈现急速下降趋势,由

2010年的0.84下降到2013年的0.05,生态退化严重加剧。经济系统综合评价指数呈现逐年攀升趋势,且增长速度迅猛,由2010年的0.13上升到2013年的0.86。社会系统综合评价指数总体水平呈现上涨趋势,在2013年之前社会系统与经济系统发展趋势一致,但在2013年出现一定下降。从生态、经济和社会系统的综合发展同步性来看,2010—2012年生态系统综合评价指数高于经济系统、社会系统指数,两者之间的差距逐渐变小,2012年生态系统与经济系统综合评价指数差距为0.06,生态系统与社会系统指数差距为0.13。2013年经济系统和社会系统综合评价指数远超于生态系统指数,两者差距呈现变大趋势。因此从生态系统与经济、社会系统的协调性角度来看,其表现为由小变大再变小的变化规律。而经济系统和社会系统的协调性表现为由大变小的趋势。

玛曲县生态系统恢复程度与经济、社会发展速度的相对变化速率(其比值)表现出逐渐下降态势。经济系统发展速度与社会系统发展速度相比,其变化速率呈现先下降后增加的"U"形演变趋势。这表明,玛曲县不仅要推动经济发展,同时也要提升社会发展水平,完善基础设施,提高医疗卫生水平等,而且要注重生态系统功能的恢复,从而达到生态保护的目的,只有这样才能确保玛曲县的生态、经济和社会系统的可持续协调发展。

(二)耦合协调发展分析

笔者根据耦合协调度等级评价标准,在玛曲县生态、经济和社会系统耦合协调度的基础上,将玛曲县系统耦合协调度划分为中度失调、勉强协调、初级协调和轻度失调类型。2010—2012年,玛曲县生态系统综合评价指数高于经济、社会系统评价指数,属于经济社会滞后型的中度失调状态;2013年,玛曲县生态系统综合评价指数低于经济、社会系统评价指数,属于生态滞后型的轻度失调状态。2010—2013年,玛曲县生态、经济和社会系统的协调性变化过程是:中度失调—勉强协调—初级协调—轻度失调。2010—2012年,玛曲县的生态、经济和社会协调度不高,这是由于这段时间该县经济社会发展水平与生态恢复速度不相匹配。生态系统与经济、社会系统发展水平差距正由大变小,三大系统的协调关系日趋朝着可协调的方向发展。2012—2013年,生态系统自我恢复能力跟不上经济、社会的快速发展,两者之间的差距又由小变大,从而影响三大系统之间的协调程度。结果表明,在不同发展阶段,在一定生态系统容量和恢复能力之下,经济、社会系统发展水平程度须与生态系统自我承受能力相适应,如果过缓或过快发展,都会使三大系统失衡,从而制约玛曲县整体综合水平的发展。

　　综上,生态系统中影响贡献份额最大的指标是植被覆盖率、生态足迹和生态压力指数;人均GDP和牧业增加值是经济系统综合评价贡献份额最大的指标;卫生床位数在社会系统综合评价得分方面占据主导影响,其次是人口密度。2010—2013年,玛曲县生态系统综合评价指数呈现急速下降趋势,经济系统综合评价指数逐年攀升,社会系统综合评价指数总体水平呈现上涨趋势。因此玛曲县在实现可持续发展的过程中应更加注重生态植被的恢复(由于针对草场退化),有效并合理利用生态资源与能源,在缓解人口压力的同时促进"生态畜牧业"的发展。2010—2013年,玛曲县生态、经济和社会系统的耦合度和耦合协调度演变规律具有一致性,具体表现为:呈现先增加后下降的倒"U"形发展模式,整体上满足环境库兹涅茨曲线发展趋势。玛曲县生态、经济和社会系统耦合协调性表现为中度失调—勉强协调—初级协调—轻度失调的变化过程。

第三章 高原生态与经济协调发展路径研究

第一节 在发展观念上,建立生态经济新秩序,
实现"有序发展"

社会发展研究大体可分为三个层次:发展观念研究、发展战略研究、发展问题研究。其中,发展观念在整个发展研究中更具基础性和指导意义,它是基于对时代的理解和把握而提出的发展要求,是对发展本身的看法。以什么样的视野和思路去制定发展战略、解决发展问题,与持有什么样的发展观念密切相关。[①]

在生态环境与发展的关系问题上,我们反对不计自然成本的"经济增长决定发展观"。该发展观把生态环境与发展对立起来,认为人类社会的发展可以把环境质量放在经济增长之后,认为只能在区域富裕之后才有可能考虑环境问题,这种以牺牲环境为代价的经济的高速发展,引发了一系列影响人类生活质量的公害问题以及全球环境问题,应该引起我们的深刻反思。

在生态环境与发展的关系问题上,我们也不赞同消极保护自然环境的"零增长观"。该观点同样把生态环境与发展对立起来,把自然从单纯的索取对象变为简单的保护对象,认为现代社会最大的祸害是追求经济增长,为了摆脱人与自然之间日益扩大的鸿沟,应该在世界范围内或在一些国家范围内有目的地停止物质资料和人口的增长,回到"零增长"的道路上去。这种观点在实践中既不为发达国家和地区所接受,也遭到欠发达国家和地区的抵制。

在生态环境与发展的关系问题上,我们坚持可持续发展观,即坚持发展的可持续性和发展的协调性,坚持经济、生态、社会三位一体的发展。既考虑发展对现代人和未来人需要的持续满足,以达到现代与未来人类

---

①任妍妍.青南藏区生态与经济协调发展研究[D].西宁:青海师范大学,2019.

利益的统一,又考虑经济和社会发展必须限定在资源和环境的承载能力之内。

一、认清当前经济发展的"新常态"大局,坚持"有序发展"

歌德说过,大自然是不会犯错误的,错误永远是人犯下的。不管人类出于好的动机还是坏的动机改造自然环境为己所用,只要没有超过自然机制界限,自然生态权力就不会对人类实施强制;而一旦超过界限,环境被破坏得已濒临自我修复的极限之时,自然界一定会在适当的时候或重或轻地惩罚人类。

我们坚持建立生态经济新秩序。协调发展的基本内核就是"有序发展"。有序安排这种发展,同时又必须以现实性社会需求为基本要求,这就要求我们必须将生态环境问题与经济发展问题结合起来进行思考。生态环境需求的满足不仅涉及人们生活质量的提高,而且关系国民经济的发展和整个社会的进步。从我国曾经的经济优先到环境与经济协调统一,在这个过程中还有极为关键的一步不能被忽略,即环境的"补弱",或者说是环境的"优先"。这种"优先"绝不是以割裂环境与经济之间的关系为意图的,而是必须注重方式和方法,以尽量避免环境与经济之间的割裂。这种优先体现了一种"补弱"式的思想,其意图是从根本上来改变存在于环境与经济之间的不平衡状态,实现环境与经济的平衡,并且在这种平衡的基础上促进二者之间的协调。从目前的国内状况来讲,生态环境需求已经取代原有经济需求的位置而成为我国人民的一种"紧迫性需求"。既然如此,在协调生态环境与经济发展的关系中就应当将环境需求的满足置于优先位置。因此,如果说协调发展原则自被提出和确立以来一直坚持"经济优先"的协调方式的话,现在的协调方式则应重新作出时代性选择,即将"环境优先"确立为协调发展原则的重心。因此,在我国目前的时空条件下,选择环境需求的优先满足是合理而必要的。为此,应做好以下几个方面的工作。

一是建立生态价值观。生态资源和环境既是生产力,又是资本;保护生态资源和环境,就是保护生产力,就是保护资本。人类社会从生态系统获得有用物质和能量输入、废弃物的接受和转化,这些贡献统称为生态系统服务(ecosystem services,ES)。生态系统服务既有可能进入经济社会部门与人造资本和人力资本结合生产最终消费品,如生产各种原材料和提供水源调节等基础支撑作用;也有可能直接为人类社会个体成员所享用,如提供洁净空气、美好景观等舒适性环境资源。作为生态系统服务来源的自然生态系统可以被视为自然资本(natural capital,NC)。足够的生态系统服务和自然资本是人类经济社会赖以生存发展的基本条件,零自然资本意味着零人类福利。在人类活动对自然环境的影响程度不断加深的情况下,"纯粹"的自然资本日益减少。在可预见的未来,人类拥有的技术不可能实现非自然资本完全取代自然资本,人造资本和人力资本的构建都需要依靠自然资本投入。随着人类经济活动范围不断扩大,生态系统服务和自然资本逐渐成为当今经济社会发展的最大限制因素,提高自然资本利用效率成为实现可持续发展需要解决的重要课题。作为自然资本效益产出的生态系统服务,多具有公共品或准公共品特征,无法参与正常的市场交易。这意味着自然资本投资和收益不对称,造成微观经济主体维护自然资本的激励机制不足。用货币单位将自然资本投资的相对收益表达出来,可方便微观个体和公共决策者对不同的自然资本和非自然资本投资、交易方式进行比较,促进自然资本利用效率提高,增强社会可持续发展能力。

二是建立"经济"和"生态"双重发展目标。生态与经济协调发展的本质是经济发展与合理利用自然资源相适应,与保护生态平衡相适应,与劳动力数量和质量相适应。将经济发展与生态规律有机地关联起来,是解决经济发展与生态环境协调发展的可行途径。首先,将经济的负外部性与经济系统管理结合起来,构建符合生态环境要求的经济系统;其次,按照科学的生态理念重构目前的经济发展理念;最后,将生态的约束纳入经济系统之中。

三是建立具有现代生态价值的经济发展观。将经济活动置于"社会-经济-自然"复合系统中进行考量:第一,从"人-自然"复合系统的整体性上认识经济活动。经济活动既是社会系统的有机组成部分,也是生态系统的有机组成部分。第二,经济发展在满足人类社会需求的同时,也必须符合人类赖以生存的自然生态系统的基本规律。第三,经济活动在追求经济价值与目标的同时,也必须遵循自然生态系统的内在价值和长远目标。第四,经济发展的规模应与自然生态系统的有效承载保持一致。第五,局部区域的经济活动应以不导致其他区域的生态环境恶化为原则,即经济的负外部性应得到有效控制。

二、实施"高原地区大保护","在保护中开发,在开发中保护"

(一)保护生态就是发展,生态可持续才是真正的发展,实施"高原地区大保护"

空间结构无序,必将付出沉重的代价。"生态—生产—生活空间"之间的比例关系是随着地理环境、发展水平和发展方式不同而变化的,一个区域产业空间的增长应该有一个合理的上限约束。打破这种比例关系和上限约束,造成空间结构的无序,必将付出发展效益受阻的代价。美国西部开发始于19世纪初,19世纪末美国开始认识到西部经济开发带来的严重的生态危机,历届政府对环境保护均给予了高度重视。但直到20世纪末,美国西部地区的生态环境才得到较好的恢复,前后用了几乎100年的时间。

薄弱的经济基础和滞后的资本积累使我国高原区域的地方政府和人民面临着比东部地区更大的发展压力,往往采取超常规、跨越式、粗放式的经济增长方式。总体来说,高原地区自开发以来,地区经济的高增长是靠生产要素总量的扩张和对资源能源的高消耗换来的,不合理的经济行为对区域生态系统造成了巨大的压力。尽管实施高原地区开发战略以后,国家主要领导人先后在不同场合强调在高原地区开发中要注重生态环境保护,到目前为止,我们看到的情况是:虽然高原地区的部分生态环境治理项目取得了一些成就,但是仍然无法从整体上遏制生态环境恶化的局面。高原地区生态环境保护问题已经成为不能回避的问题。

生态建设和环境保护是高原地区开发的重要任务和切入点。高原地区脆弱的生态环境既削弱了西部可持续发展的能力,也对我国整体生态安全构成严重的威胁。加强生态环境的建设和保护,走可持续发展道路是高原地区开发的必然选择。改善生态问题,是高原地区的开发建设必须首先研究解决的一个重大课题。如果不从现在做起,努力使生态有一个明显的改善,不仅高原地区可持续发展的战略会落空,而且我们整个民族的生存和发展条件也将受到严重威胁。

科学发展观的第一要义是发展,核心是以人为本,基本要求是全面协调可持续。科学发展观所追求的发展是包括物质文明、精神文明、政治文明和生态文明在内的全方位的发展。党的二十大报告明确提出:"我们要推进美丽中国建设,坚持山水林田湖草沙一体化保护和系统治理,统筹产业结构调整、污染环境、生态保护、应对气候变化,协同推进降碳、减污、扩绿、增长,推进生态优先、节约集约、绿色低碳发展。"

以破坏生态环境为代价的经济发展,不是我们所追求的。因为环境同样具有经济价值,长期以来无偿地利用环境发展经济的现象将逐渐成为历史。环境还将逐渐成为一种越来越供不应求的特殊商品,因此破坏环境本身就是一项巨大的经济损失。

(二)"在保护中开发,在开发中保护"

主张"开发利用与保护增殖并重"的方针,提倡"在保护中开发,在开发中保护",既反对"只开发不保护"和"只保护不开发"的片面认识和做法,也反对"先破坏,后治理"和"边破坏,边治理"的错误认识和做法。

1. 我们主张环境优先,并不是反对开发,而是强调"在保护中开发,保护优先"

高原地区是我国重要的生态屏障,该区域日益严峻的生态环境已经严重影响到中华民族的生存和发展。高原欠发达地区的发展,应该把保护和改善生态环境作为重要目标。区域经济的真谛是发展,发展才是硬道理。但是,发展的规模和增长的模式必须坚持生态循环经济的基本原则,必须突出"生态价值优先"的理念,把维护生态文明、改善生态环境作为经济决策、经济行为、经济发展的根本前提。凡是以破坏生态、污染环境、浪费资源为代价的经济发展,都是得不偿失、贻害子孙的负发展,都必须坚决叫停和纠正。"金山银山不如绿水青山",对于中国高原这样经济欠发达的生态敏感地区,更要把维护生态放在优先于经济发展的位置上来考虑,在维护生态的前提下充分发展,在持续发展的条件下维护生态。环境优先,是高原区域可持续发展的前提条件,既符合大自然生成演化的内在规律,也体现出人对自然的公正态度;既没有降低人类的地位,也丝毫没有损害人类的尊严,并且更充分地实现了人与自然的和谐、平等。

把环境保护放在首要位置。具体来讲,就是要求各级政府在制定经济、社会、财政、能源、农业、交通、贸易及其他政策时,要把环境与发展问题作为一个整体来考虑,并在各地区即将实施经济社会发展的"开发计划"之前优先制订出"环境计划"。可持续发展的基础是正确评估地球负载能力和对人类活动的恢复能力。这就给予我们的决策者一个重要的启示,即政府在作出高原开发的各项决策时,要充分考虑环境资源的承载能力,千万不要把开发与经济因素、社会因素和环境因素割离开来;要尽可能做到没有经过环境影响评价的开发项目不要轻易地决策,与环境有关的工程不要急于强行上马;并努力从决策机制上建立起针对保护生态环境的一票否决权的制度。只有这样,才能够从"源头"上真正做到防患于未然,为建设一个经济繁荣和山川秀美的高原区域提供道德上、政策上和法律上最有力的保障。

加强高原地区生态环境的保护和建设,要认真贯彻"预防为主,保护优先"的指导方针,坚持环境保护与生态建设并举、经济发展与环境保护相协调,才能实现高原地区持续和健康的发展。具体讲,从发展经济的角度看,要从生态破坏的根源入手,以解决高原地区的贫困问题,标本兼治,从根本上解决因经济发展不足而选择粗放型经济发展和掠夺式的资源开发方式所导致的生态破坏。从生态科学的角度来看,要以自然恢复为主、人工建设为辅,对重点生态破坏地区的生态重建和恢复,应顺应自然规律,大力推进人工封育、围栏、退耕还草、还林、还地等措施,积极发展农村能源,对现有的天然林地、天然草场、天然湿地实行最为严格的生态保护措施。

2."在开发中保护,合理利用"

合理利用,就是要求人们在开发高原地区的具体实践中,正确认识和把握人与自然的关系,必须在资源和环境得到合理的持续利用、保护的条件下,去获得最大的经济利益和社会利益。

开发高原地区,发展经济,改善人民生活,就必然要开发利用各种自然资源,这是人类社会得以存在和发展的基本条件。高原地区具有石油、天然气、矿藏和生物等丰富的自然资源。但是,发展经济并不一定非要以浪费资源和损害环境为代价。强调高原开发必须走可持续发展的道路,并不是要求人们停止开发使用一切自然资源,而是要求人们应该更加谨慎有效地使用自然资源。

如何"在开发中保护,合理利用"?

首先,要辩证地认识资源的利用与保护的关系。从环境伦理的角度来看,利用资源是为了促进人类和社会的发展,保护资源也是为了维护人类的生存和发展,利用资源和保护资源对于人类的利益是同等重要的。因此,只有既利用资源也保护资源的行为才是合理的和合乎道德的。反之,只利用不保护或只保护不利用的行为都是不可取的。从可持续发展的观点来看,资源的利用与保护是矛盾的统一。一方面,二者在经济发展中是存在矛盾的。这是因为经济发展和消耗资源是无限的,而资源存量是有限的。另一方面,二者又是能够统一的。这是因为可持续发展经济在利用资源的同时,也必须保护资源,从而就使资源在目前与长远的结合上实现有限资源的长期利用和永续利用。

其次,要改变资源利用的传统价值观念。传统经济发展模式之所以一味追求经济利润、不计自然资源成本的单向度发展,很关键的一点是人们仅看到了自然资源的经济价值,而忽视了自然资源还有更重要的非经济价值。事实上,大自然所承载的价值是多方面的。例如:森林资源,我们可以利用它的经济价值制造各种林木产品;可以利用它的医药价值为人类医治疾病;可以利用它的娱乐价值开展森林旅游;可以利用它的美学价值陶冶人们的情操;可以利用它的生态价值来净化空气、调节气候、保持水土或建立防风林;还可以利用它的科学价值来揭示自然界生成演化的历史;等等。这或许能告诫人们,在开发利用高原地区各种自然资源的过程中,眼睛千万不要仅仅盯着资源的经济价值,而忽视了资源其他方面的重要价值,更不要盲目地、无限度地开采利用自然资源。对资源多角度的合理利用,不但能给人们提供更多更好的选择机会,而且还能从价值论的意义上指导人们自觉地遵循自然规律。

最后,要处理好不同地区之间的利益分配。做到资源合理开发,生态环境保护和可持续发展并进,特别是高原各地区在资源优势向经济优势转化的过程中不能急功近利,更不能以破坏资源和生态环境为代价。不同行政区划内的毗邻地区,在资源的共同开发、环境资源的保护利用上要从大局出发,搞好协调、谋求共同发展;决不能哄抢资源,只顾眼前利益而忽视长远的生态建设,由此造成地区之间、民族之间的矛盾,破坏团结稳定的大局。

总之,开发利用好每一寸土地,节约每一滴可贵的水资源,建设和保护好高原欠发达地区人民赖以生存的生态环境,就是开发高原应当遵循的基本道德要求。我们不希望看到未来高原地区发展所获得的利益和成果建立在西部"千疮百孔""资源耗尽""环境污染"等一堆人类活动的废墟上。

3."高原地区大保护"的本质"是强区,更是富民"

(1)"高原地区大保护"的本质是一个经济发展问题

高原地区生态恶化与经济落后之间具有极强的相关性,二者互为因果,相互生成,相互强化,形成了累积效应,导致了"生态恶化—经济落后—加快开发—生态进一步恶化"的恶性循环,进一步削弱了高原地区可持续发展的基础。高原大部分地区区域经济发展滞后,社会发展水平低,特别是自然生存条件恶劣的深山区、石山区、高寒区、黄土高原区和地方病高发区。经济发展的滞后加剧了人们对其赖以生存的环境的过度索取,这必然使环境迅速被破坏。高原地区脆弱的生态状况和有限的环境容量在人类活动的过分袭扰下极易遭受破坏,进而导致生态灾害更加频繁,危及人们的生存基础,反过来又大大制约了高原地区人民走上致富道路。

(2)在高原地区大保护中,"是强区,更是富民"

"富民为本",改善人民群众的生活质量,提高公众的健康水平,大力开发人力资源,应该成为高原地区发展的关键内容。"富民为本",就是实行生态建设与富民增收并举,以生态建设为核心,寓富民增收于生态建设之中。在深入了解资源开发与生态环境安全之间相互作用机制的基础上,选择资源有效利用和合理配置作为切入点,走外部扶持和内部优化相结合的道路,将是欠发达地区走向可持续发展的一个根本途径。

然而,仅靠高原地区自身的力量,无法承担起既保护生态环境又推动经济社会发展的双重任务。由于高原地区生态破坏的不可逆性、生态恢复的长期性,加上缺乏物质上的补偿和经济上的激励,高原区域地方政府和经济个体都缺乏参与生态建设的积极性。在发展的压力下,也不愿意因为大规模的生态建设而放慢经济建设的步伐。在缺乏相应协调机制和调控手段的情况下,高原地区往往将生态环境治理让位于经济发展,结果是高原地区的生态建设陷入困局,不愿意或无力进行生态环境改善,下游和相邻地区生态环境的受益地区的生态建设也会受到抑制,最终必然使高原区域性的生态经济系统失衡,导致全国全局性的生态经济系统失衡。因此,生态环境外部性问题的解决,需要国家从全局的高度,按照生态循环经济的发展要求,根据高原地区在全国发展战略中的地位和作用,尽快建立科学合理的生态补偿机制,使高原地区更多地承担保护生态环境的责任,更好地促进社会公平正义和区域经济协调发展。要按照统筹区域的要求,协调各个地区生态建设的关系,对先发达起来、生态破坏相对重的东部地区加紧偿还环境欠债的同时,不断加大对中、西部地区及高原地区的生态治理力度,推动高原地区生态环境的防御性保护工作,避免东部地区出现的生态问题复制和转移到中、西部及高原地区。中央财政可加大对高原地区生态治理的转移支持力度,同时我国东部发达地区也应当从资金和技术上援助高原地区开展生态治理,增强高原地区生态建设的物质基础,更好地促进各区域之间的生态平衡。

第二节 在发展路径上,把"惠民性发展、保护性发展、特色性发展、选择性发展"融入常态化发展当中

一、"慢发展"是发展的常态化,"慢发展不等于不发展","慢发展"往往是最大的发展

慢发展不等于不发展,"慢发展"往往是最大的发展。既要遵循经济规律,也要遵循自然规律,才能实现既快又好的发展。在不具备大规模开发条件、生态环境恶劣的地区,缩小地区差距的本质,主要不是缩小地区间经济总量的差距,不是要求各个地区的经济总量排名提升,而是缩小地区间人民享有的公共服务和生活水平的差距,使居住在不同地区的人民都享有均等化的基本公共服务,都享有大体相当的生活水平。[①]

不平衡发展也是协调发展。高原地区虽有像成渝和关中等土地肥沃、人口密集、生态环境很好的地区,也有土地贫瘠、干旱少雨、人口稀少,或高山连绵,或戈壁荒漠等生态环境极为脆弱的地区。所以,生态建

①张慧. 三江源地区生态与经济协同发展研究[D]. 西宁:青海师范大学,2016.

设和经济发展无法按照固定模式进行,必须根据各地实际情况,顺应自然规律,因地制宜地发展。

高原地区生态环境与经济协调发展的过程实际上就是一个区域生态经济系统的整合过程。既不能以牺牲生态环境为代价换取经济社会短暂快速的发展,也不能以经济社会停滞不前为代价求得生态环境的恢复与重建。既不能无限制地改造生态环境和掠夺自然资源,也不能完全否定人类消费自然资源和改造生态环境的必要性。也就是说,政府必须以非均衡发展战略考虑高原地区生态建设和经济发展的耦合问题。

二、实现惠民性发展

告别唯GDP的"破坏性发展""发展性破坏"。多年来,由于受传统观念的影响和束缚,人们对生态建设的重大战略意义缺乏相应的认识,甚至没有引起足够的重视。GDP并不能涵盖经济社会发展的全部内容,它没有考虑发展对生态环境造成的影响及经济增长的质量和效益。长期以来,传统的GDP核算体系促成了片面追求经济增长速度而忽视环境保护的现象的形成。一些地区把GDP的增速看作衡量政绩的唯一标准,认为"生态好坏靠自然""发展经济是硬道理",搞生态建设投资大、见效慢、得不偿失,不如发展经济致富快、政绩显赫。少数地方还靠破坏和牺牲生态资源来换取经济的快速发展,肆意毁林开矿、滥占耕地、兴办"黑色企业"。这种为追求政绩,不惜以牺牲环境为代价,片面追求经济增长的"破坏性发展""发展性破坏",给国民经济和社会发展带来了人为的阻力和隐患。

发展的目的是惠民,要使人民从发展中切实受益。惠民性发展中的"发展"要求必须消除贫困,同时关注人与自然的和谐相处,而不是将"发展"定位于纯经济发展的狭隘发展。

三、实现保护性发展

"宜发展则发展、宜保护则保护",合理开发利用自然资源。加强理念转变,从强调"改造自然"转变为"尊重自然"。高原欠发达地区的现代化,已经不再具备发达国家和地区工业化初期的发展环境,脆弱的生态基础以及资源环境的硬约束使高原地区在资源存量和环境承载力两个方面都已经承受不起传统经济发展模式下高强度的资源消耗和环境污染。沿袭传统发展模式,只能阻碍高原地区真正实现现代化的速度。

民族文化资源的保护性开发与利用。"丝绸之路经济带"和"长江经济带"对沿线地区各民族文化资源的开发与利用是必不可少的。必须考虑沿线地区民族文化的地域性、多元性和原生态性。开发区域经济,必须以不损害民族文化作为条件。当然,对于区域内民族文化资源的保护和开发不是哪一个人或一些人就能够解决的,它需要全民参与。政府在这一过程中,要充分发挥职能,加大宏观调控力度,发挥整体引导作用,走出一条经济与环境保护相协调的发展之路。

设立"不开发区"。第一,建立"不开发区",实现保护性发展。针对自然条件比较恶劣,环境承载能力弱,生态脆弱,不适合大规模集聚人口,更不适合大规模进行工业开发的区域,建立"不开发区"。第二,在"不开发区","发展"的含义主要不是做大经济总量,而是保护好"自然生态"。因为一旦区域开发强度超过区域资源环境承载能力,必然导致生态的破坏和环境的恶化。生态系统一旦遭到破坏,恢复难度非常大,生态修复成本非常高,生态修复时间非常漫长。第三,对"不开发区"进行分区治理。诸如黄土高原区和青藏高原地区等,可以结合各生态脆弱地区的不同特点,因地制宜,采取不同的生态建设策略,进行分区治理。如设立水源涵养生态功能区、土壤保持生态功能区、防风固沙生态功能区、生物多样性保护生态功能区、洪水调蓄生态功能区等。第四,"不开发区"主要承担"生态分工",为了实现生态服务功能,必须限制甚至禁止产业的发展,放弃传统的工业化道路,放弃资源开发。

四、实现特色性发展

充分发挥比较优势。"发展"不是单一模式的普遍化进程,而是在不同环境和条件下多种模式和道路的摸索、实践与创造。因此,发展的模式、方案和目标等必然是多样性与多向性的,不同人、社会和民族的发展必然选择有自身特色的发展道路。每个区域可以根据自身的生态环境承载能力,结合特有的比较优势(包括地域广阔,潜在的消费市场容量大,投资需求旺盛;劳动力资源丰富,土地价格较低,具有低成本的优势,有利于吸引外资,有利于产品竞争;拥有独特的旅游和文化资源,其稀缺性的特点,容易转化为现实生产力;自然资源丰富,发展空间大;在综合开发、畜牧业等领域都存在许多良好的发展机会,如农产品提供生态功能区、畜产品提供生态功能区、林产品提供生态功能区,区域资源和民族特色精深加工产业区,原生态旅游重点区等),最终实现特色发展。

"宜工则工、宜农则农、宜林则林、宜牧则牧、宜渔则渔。"按照地域差异的特点和主体功能分区的原则,按照生态环境和自然资源的特点及生态规律,考虑区域人地相互作用的潜力(即考虑当地区域自然资源的承载能力、区域社会资源的潜在能力和区域自然环境的经济社会容量)进行合理开发和利用自然资源。根据自然资源可更新或不可更新的特点,对野生动物、植物、森林、草原等生物资源的利用,应当控制在合理的限度内,遵循利用量不得超过再生量的基本准则,确保资源的可持续性利用。根据环境资源的地域性特点,因地制宜地开发利用环境和自然资源。根据自然环境有一定自净能力的特点,进行科学论证,全面推行污染物总量控制制度,把污染物排放控制在环境自净能力容许的限度内。

五、实现选择性发展

尊重产业发展规律。产业的空间发展过程总是先在某一区域聚集,然后再向其他区域扩散。自然环境、资源状况和经济发展水平的差异性,决定了产业空间布局的非均衡性,某些地区只适合一种产业或一组产业的发展,只能选择比较优势最大的产业作为区域的基础产业或主导产业。因此,欠发达区域的产业布局重点是重新整合原有的优势产业,以形成增长极,通过极化效应和扩散效应带动经济全面协调发展。这种建立在自然规律和产业空间发展规律基础上的不平衡发展,其本质也是协调发展。

实现"错位发展"。"丝绸之路经济带"和"长江经济带"等经济一体化发展战略,是推动新一轮高原地区大开发,推进沿线地区经济发展和繁荣的重要途径,也是打造中国经济"升级版"的应有之义。要在确保环境不被污染的前提下,积极有序引导东部沿海地区产业转移,对于那些地处高原的地区,在有利于产业承接的重大项目选择上,要结合本区域的特点:如"长江经济带"的经济发展水平与流域关系是反梯度的,即长江下游经济发展水平在经济带中最高,而长江上游经济发展水平在经济带中较低;"丝绸之路经济带"中西北五省区在自然条件、自然资源、经济发展水平、优势产业等方面具有很高的相似性。沿途各地区必须根据自身优势产业,明确在"丝绸之路经济带"以及"长江经济带"中的角色与地位,加强政策沟通,尤其是产业政策沟通,避免产业布局的同质化,减少产业在有限优质资源使用中的浪费与冲突,避免区域内部产业布局的无序低效竞争,通过产业互补与合作获取经济带的协同效应,实现产业优势互补和综合利益最大化,从而最终实现错位发展。

第三节　高原生态发展的规划与协调发展机制

众所周知,生态环境为人类财富的创造提供了物质基础。在人类历史进程中,人们在创造丰富的物质财富的同时,对生态环境的干扰和破坏也随之加剧。特别是进入工业社会以后,人类对自然展开了大规模的开发和利用,创造了前所未有的物质财富,取得了辉煌的科技和经济成就。与此同时,以"三废"为代表的各种工业污染对生态环境造成了严重破坏,使人类的生存和社会的发展受到严重影响。1945年以后,面对不可再生资源的急速消耗和环境灾难的接踵而至,人们开始对传统的"增长至上"的发展理念进行深刻反思,环境问题得到前所未有的重视。我国高原地区生态环境相对比较脆弱,如果不转变以往"竭林而耕、竭泽而渔、竭矿而采、不顾自然、不计代价、不问未来"的经济增长方式,高原地区的经济发展将难以为继。因此,必须反思我国当前的经济发展体制,重新审视当前高原地区的规章制度,通过建立科学合理的体制,采取有效的政策措施,促进高原地区经济社会的可持续发展。[①]

一、建立生态与经济协调发展的考核机制

目前,如何实现资金、资源、技术的合理配置,是我国当前体制机制改革过程中需要重点研究的内容。由于经济发展的压力和地方官员升迁机制的不合理,中央政府的环保政策法令往往难以得到高原地区的支持和贯彻。事实上,绿色GDP遭到高原地区政府的抵制并不仅是核算困难的问题,而且是环保决策机制的失效、环保部门机构重叠及职能错位

①张青峰. 黄土高原生态经济分区研究[D]. 咸阳:西北农林科技大学,2008.

等问题的整体涌现,促使我们应该从顶层制度设计的角度重新审视政府,特别是地方政府在高原地区生态环境与经济协调问题上所起的作用,这就需要建立生态与经济协调发展考核机制。

(一)改革经济成果核算方式,在高原地区率先推进绿色GDP核算方法

所谓绿色GDP,是指从GDP中扣除自然资源耗减价值与环境污染损失价值后的国内生产总值,统计学者称之为可持续发展的国内生产总值,我国的统计学者称其为绿色GDP。绿色GDP能够反映经济增长水平,体现经济增长与自然环境和谐统一的程度,实质上代表了国民经济增长的净正效应。绿色GDP占GDP比重越高,表明国民经济增长对自然的负面效应越低,经济增长与自然环境和谐度越高。

以往,政府官员考核上存在的"唯GDP主义"现象,客观上导致了地方政府单纯追求GDP,而不太重视环境保护和居民收入同步增长,带来了一系列严重后果:一是粗放型经济增长模式难以转变,经济发展难以转型,科学发展观难以真正落实;二是引发为增加财政收入的政府短期行为,出现土地财政、矿产(资源)财政、高能耗财政、高污染财政现象,使经济发展丧失可持续发展的保障;三是带来大量重复和盲目建设,资源浪费严重,导致地方经济泡沫和债务危机;四是引起环境污染和生态破坏现象层出不穷,民生问题和社会建设欠账,影响和谐社会建设。实施绿色GDP核算,将经济增长导致的环境污染损失和资源耗减价值从GDP中扣除,是统筹"人与自然和谐发展"的直接体现,将有利于真实衡量和评价经济增长活动的现实效果。

为促进高原地区生态与经济协调发展,克服片面追求经济增长速度的倾向和促进经济增长方式的转变,从根本上改变GDP唯上的政绩观,可以实施两种GDP同时考核的办法,依据不同的发展要求,逐步调整现行的GDP和绿色GDP的比重。具体的实施办法为用10年的时间分四步走:第一步,现行的GDP和绿色GDP的考核比重是8:2(两年);第二步,现行的GDP和绿色GDP的考核比重是5:5(三年);第三步,现行的GDP和绿色GDP的考核比重是2:8(五年);第四步,依据绿色GDP进行考核。

（二）完善政绩评价系统，在高原地区建立促进生态发展的评价指标

20世纪90年代以来，伴随着资源环境问题的日益严重，国际社会逐步认识到，要实现经济和环境双赢的战略目标，必须改变传统的经济发展模式，确保资源的循环利用和生态环境的良性转化。这就要求遵循"减量化、再使用、资源化"的"3R"原则，合理利用自然资源和环境容量，强调"清洁生产"，在物质不断循环利用的基础上发展经济，最终实现"最佳生产，最适消费、最少废弃"。

高原地区由于地理位置、经济发展、配套设施、消费水平、风俗人情等诸多因素的影响，使得有意向扩大生产规模的公司将这些地区作为投资目的地的最后选择。各地政府为了实现上级下达的政绩评价指标，往往降低投资企业的选择标准，导致落户当地发展的企业鱼目混珠。实际上，他们在企业的审批设立、污染治理监管方面非常宽松，甚至放弃监管，造成了当地的自然资源浪费、"三废"污染严重。这种以牺牲自然资源、环境资源为代价换取GDP增长的模式，完全违背了可持续增长的宗旨，更不用说生态环境与经济协调发展。

建立新的政绩评价指标。具体的评价标准可以从以下几个方面考虑：一是经济与社会发展指标，主要包括绿色GDP增长率和就业增加率；二是资源减量投入指标，主要包括单位土地面积产值、单位GDP能耗和单位GDP水耗等；三是资源循环利用指标，主要包括工业用水循环利用率、工业废气综合利用率和工业固废综合利用率；四是生态环境质量指标，主要包括环保投资占产值比例、空气污染指数、饮用水源达标率、噪声达标区覆盖率、烟尘达标区覆盖率和人均绿地面积等。

上述指标体系的建立，将有效弥补原有评价发展指标体系的不足，"倒逼"高原地区进行结构调整，淘汰本地区高消耗、高污染、高排放的产业，将本地区单位GDP的资源消耗、能源消耗和污染物排放量减至最小，用有限的资源和环境容量尽可能地去支撑更大的GDP增长，进而保证资源的循环利用和生态环境的良性转化，形成经济发展与资源环境和谐共融的双赢局面。毋庸置疑，建立这些新的政绩评价指标体系，不但突出了科学发展导向，使得政绩考核评价指标更加科学完善；而且有利于丰富干部政绩考核的内容，扩展考核的深度，增加干部考核的科学性。

(三)健全投资决策体制,在高原地区建立科学的投资评价标准

当前,许多地区以吸引投资总量、带动当地经济发展和就业等情况来决策是否引进资本。事实上,这种办法必然导致"先发展、后治理"的阵痛,产生血的教训。因此,要健全投资决策体制,在高原地区建立科学的投资评价标准。

一要着眼未来,以科学发展观为标准,建立科学的经济发展观念。高原地区的经济发展状况虽然缓慢,但是也不能任意发展,放松监管,牺牲资源环境。因此,高原地区的政府官员更需要具备远期决策能力,以资源、环境、经济三位一体的和谐发展为导向,着眼长远发展,支持具有当地特色的企业发展。

二要以民为本,授予高原欠发达地区和民众一定的决策权,对于重工企业投资、高能耗企业投资、高污染企业投资,相关部门应该召开投资听证会,向民众陈述其利弊,由民众作出部分决策,真正引入能和当地资源、环境相协调的企业,实现生态环境与经济发展的和谐共进。

三要集思广益,改革决策方法,采取多部门协作决策机制,把资源利用专家、环境保护专家等的意见纳入讨论范围,使经济决策具有和谐性。

四要对不同主体功能区实行差别化的投资政策。优化开发区和重点开发区是承担经济发展功能的重要区域,极易吸引市场资本。然而,对于限制开发区和禁止开发区而言,其负有保护重要水源、减少水土流失、恢复生态平衡等使命,相关项目通常难以得到商业回报,所以在该区域内唯有通过加大财政投入才有可能在较短时期内消除以往过度开发造成的环境破坏,有效地改善生态环境。因此,按主体功能区安排的政策投资,其重点是投向限制开发区和禁止开发区的公共服务建设和环境保护领域。

(四)针对土地和稀缺资源,在高原地区建立向循环经济倾斜的物权制度

国家作为土地、资源、水源的物权所有人,地方政府作为执行人,对其进行分配与使用时应以可持续发展为前提,以发展生态循环经济为导向,以期实现资源、环境、经济和谐一致的发展。为此,高原地区应该建立向生态循环经济发展倾斜的物权制度。

一是建立土地出让金保证制度。要求企业在缴纳土地出让金时,政府按照一定的比例多收取一部分,作为企业对于环境保护、资源节约使用的保证金。当企业在一定时期内表现良好,地方政府将多收取的土地出让金予以返还且给予一定的奖励。对于主动开发循环经济的企业,地方政府可以视其发展规划情况,减少土地出让金甚至无偿划转。

二是建立稀缺资源合理使用的保护制度。对于稀缺资源的使用,通过提高其转让价格遏制资源浪费。对于地方政府因为提高转让价格而高于市场价格的部分,在一定年限内根据企业对于资源的使用情况予以返还并给予奖励。根据稀缺资源的使用情况,地方政府可以采用财政补贴的方式间接降低资源的使用费,实现鼓励企业发展循环经济的目的。

三是建立鼓励本地企业自我发展的物权制度,对于本地企业,地方政府应予以指导,引导其向生态循环经济发展,同时地方政府在土地出让、稀缺资源使用方面也给予适当的帮助与支持,推动当地企业快速发展生态循环经济。

(五)提升政府监管职能,在高原地区建立经济协调发展的控制与评价系统

科学测度计量一项公共政策的成本和收益,必须全面评估经济社会发展的全部生态价值与经济价值,考虑企业生产和产业发展造成的生态资源破坏、环境污染等,真正自觉依据科学完整的成本、收益核算方法,全面准确地评估决策事项的整体效应。因此,必须提升政府监管职能,在高原地区建立经济协调发展的控制与评价系统。

一是建立经济协调发展的控制系统。高原地区政府应当将对经济协调发展的控制归入发展改革委和环保部门进行监管,其目的是帮助投资企业建立循环发展模式的同时,让其了解监管要求,有效监管企业与地方经济的协调发展状况。

二是建立经济协调发展的评价系统。事实上,企业是否设计了循环发展系统是一方面,是否有效执行生态循环经济系统是另一方面。健康生态和资源消耗、环境污染相关,所以评价系统的设立可以通过对企业能源的使用情况、废水的排放情况建立适应当地情况的指标,通过相关指标数据来评价企业的循环经济系统是否得到有效的执行,以及其是否实现了经济的生态循环发展。

二、完善干部政绩考核和提拔晋升机制

我国对地方发展的政绩评估指标主要围绕着GDP增速、投资规模和财政税收等偏重于反映经济总量和增长速度的指标。因此,我国应当针对不同的主体功能区,实施差异化的政绩考核标准,完善干部政绩考核和提拔晋升机制。

(一)按主体功能区实施差异化的政绩考核标准

毋庸置疑,作为生态公共品的主要供给主体,高原地区存在严重的政府缺位现象,现有的政绩考核机制难以对其形成强有力的制约。目前,高原地区政府的决策行为在对生态环境的保护中起着非常重要的作用。政绩考核机制的不健全,导致地方政府作为生态公共品提供者的同时,又是生态破坏的主要推动者。一些高原地区的政府不计资源和环境损失的成本,一味追求经济增长速度,成为生态经济发展不协调的重大体制障碍。因此,要针对不同的主体功能区,在适应其发展定位的基础上,合理划分其权能边界和行政干预范围,科学界定政府行为的退出领域和介入领域。因此,高原地区政府必须树立正确的生态政绩观,将生态环境指标列入其政绩考核中,进行绿色政绩考核,变以往的事后行政干预为事前、事中、事后全程控制和管理,促进政府决策行为向政治生态化方向发展。

(二)树立科学的政绩观,完善高原地区官员的提拔晋升机制

高原地区现行的行政管理体制和干部提拔任用机制,促使一些地方政府官员极力打造"形象工程",这些"发展成果"中的相当部分被赋予了更多的政治色彩而弱化了经济功能。有些行政官员只顾眼前利益,忽视长远利益;只顾自己辖区的局部利益,不去考虑区域之间的经济协调发展。因此,必须彻底改革现行的行政管理体制,彻底改变现行"政绩经济出干部"的干部选拔任用机制,从根本上铲除生长繁殖"政绩经济"的土壤,完善干部政绩考核和提拔晋升机制。

总之,实施差异化政绩考核既是科学发展和以人为本的应有之义,同时还能反过来促进科学发展的广度与深度。而差异化的科学发展,也必将进一步激发地方政府及其官员在发展上的主观能动性和创造性,促使政绩"指挥棒"更加科学化。

三、建立健全资源开发管理机制

从根本上来说,高原地区生态环境与经济非协调运行的深层动因在于过分强调区域经济增长的同时,也忽略了相应的经济体制机制的配套改革。目前,由于缺乏合理的资源定价机制,普通的消费者缺乏足够的激励和约束去节约使用资源;企业缺乏足够的激励去采用节约资源、能源的技术和工艺,污染排放缺乏有力的约束。因此,建立合理的环境与资源价格体系,使资源稀缺程度、供求关系和环境成本能够通过价格反映出来,通过健全市场机制强化对资源浪费使用和污染过度排放的约束作用,从经济利益上激励高原地区的微观市场经济主体积极参与到生态保护中来。

(一)加大资源定价机制的改革

多年来,高原地区普遍存在稀缺资源的不科学开采。尽管自然资源许多都是相互伴生的,但是开采企业为了降低成本、提高开采量,往往把相关副矿产丢弃一边,不仅造成了严重的资源浪费,还可能会污染当地的环境。因此,基于保护自然资源、合理开采、减少浪费、保护环境、降低污染、维持当地生态的目的,必须对资源定价机制进行相应的改革。

首先,相关部门应根据矿产情况进行定价。往往相关部门对于资源的定价仅根据其所要开采的资源品种,然后按照其产量乘以一定的单价收取资源费,对于附带的矿产资源往往不予关注。合理的做法是采取综合定价模式,对于开采企业开采出来的主副产品实行联合定价模式,均征收资源使用费。

其次,相关部门还可以在定价中包含一定的担保机制,向企业多收取一定的资源费作为其合理开采、恢复原貌的保证金,当企业在一定年限内表现良好,相关部门予以退还并给予一定的奖励。

(二)加大环境成本内化机制改革

许多生产企业在计算其生产成本时往往仅考虑财务成本,而没有把环境成本考虑在内,这实际上会造成成本核算的不准确。尤其是对于高能耗、高污染企业,应该要求它们合理估计环境恢复成本,并采用合理的方式计入成本中。这固然会增加企业的产品成本,但是环境成本作为一项约束型变动成本,它是可以被企业的管理决策所影响和控制的。这时,企业对于资源的浪费情况将大为改观,环境污染问题也将得到极大的改善。所以环境成本的核算,对于高原地区更好地实现生态循环经济具有极大的作用。

(三)树立资源开发过程中的初次分配意识

从国民收入的格局看,高原地区低收入群体覆盖面大,获取财富的主要来源只能是自身的劳动力,这与发达地区既有自身的劳动力优势,又可借资本技术信息资源享有收益比较,具有明显的劣势。因此,只有提高居民收入、劳动报酬在初次分配中的比重,才能使只能凭劳动获得收入的低收入群体分享到改革和经济发展的成果。具体制度包括:一是确定合理的工资水平以及和劳动者要素贡献相符的工资增长机制。二是协调不同要素收益权之间的关系,加强对资源税和其他税费的征管,体现高原地区资源丰富、资源开发利用对全国资源支撑作用的真正价值。三是运用转移支付等手段进行补贴,来提高行业发展水平,缩小行业收入差距。四是加强技术培训和继续教育,使劳动者收入水平在整体素质提高的基础上不断增长,最终形成劳动收入、企业收入与财政收入平衡增长相统一的良性循环。

总之,促使高原地区快速地发展经济,提高人民收入、改善当地生活水平非常重要,但是政府部门应当注意保持资源、环境、经济三位一体,摒弃先污染后治理的短浅发展模式。针对高原地区生态环境与经济协调发展面临的市场失灵、政府失灵的体制障碍,应大力推进体制机制创新,强化市场机制和政府规制的相互约束作用,通过建立生态与经济协调发展的考核机制,针对不同的主体功能区,实施差异化的政绩考核标准,完善干部政绩考核和提拔晋升机制,建立高原地区资源开发管理机制。

四、建立生态补偿机制

我国的环境污染最初发生在沿海发达城市,这些城市在发展的最初阶段没有重视环境保护,致使环境质量急转直下。而高原地区由于发展经济社会的紧迫性,需要引进企业促进当地经济的发展。在这种背景下,许多沿海的污染性企业转移到高原地区,致使高原地区环境恶化形势不断加剧。可以说,高原地区对我国的自然生态环境保护及承接东部发达地区的产业转移作出了很大的贡献,应该通过生态补偿机制获得制度上的承认,才能避免在经济发展的过程中过度消耗脆弱的生态环境系统。

(一)树立生态补偿意识

目前,国家对生态补偿没有综合性立法和专项立法,没有建立完整的法规政策体系,法律规定中对各利益相关者的权利、义务、责任界定及对补偿内容、方式和标准规定不明确,环境资源产权制度缺失。有关生态补偿制度的内容,如补偿主体、受偿主体、补偿范围、标准、程序、资金来源、违法责任、纠纷处理等都没有明确的界定,使落后地区生态建设面临着更加繁重的任务。因此,需要树立生态补偿意识,弘扬生态价值观,使得生态补偿的客体深刻认识到生态环境资源保护的重要性,并转化成对生态环境保护的自觉行动,心理共识与行动意识并驾齐驱,使社会共同利益同私人利益实现完美结合。

(二)建立对口补偿制度

生态补偿机制的建立要实现"对口补偿、横纵结合、全面有效"的要求。在纵向上,中央政府对各地方政府进行补偿;横向上,发达地区对高原地区进行补偿,清楚明白地表明补偿主体和客体。当前生态补偿不对口是生态补偿机制难以见效的主要原因,不合理的补偿制度没有将资金用在刀刃上,不仅浪费了资源,而且难以达到预期的效果。因此,补偿的针对性和准确性对于建立合理有效的生态补偿机制至关重要。

(三)不断创新生态补偿机制

政策和系统的自身运行依赖原先存在的路径,同时受到时滞的影响,因此,当生态经济系统面临市场失灵时,就会导致市场引导、政府干预并行的方法也无法解决生态系统的恶化。因此,要在生态系统的实际运行中不断进行创新,使之能适应市场环境的变化,创造更好的经济和生态效益。

五、实行最严厉的生态环境保护制度,推进生态立法

落后地区的经济开发往往伴随着对自然生态环境的破坏,经济增长往往是以生态损失为代价的。要实现高原地区的经济和社会协调发展,就必然依托一个强有力的法律后盾,对传统经济发展模式不断进行变

革。同时,结合高原地区的具体情况,因地制宜,从以下几个方面作出努力。

(一)完善高原地区生态环境保护的立法体系

目前,我国还没有专门针对高原地区生态环境保护方面的立法。与此同时,高原地区由于受政治、经济、文化等因素的影响,广大民众的环境保护意识不强,环境立法进程落后。因此,需要从立法理念、调整手段、立法程序、立法内容等方面入手,加快高原地区生态环境保护的立法和执行进程。

从中央政府的角度分析,应借鉴国外发达国家的经验,着手制定专门针对高原地区开发的法律,对高原地区的矿产资源的开发、自然资源的产权安排、土壤破坏、森林及草原植被的保护等内容设定法律规范,保护这些地区的生态环境。

从高原地区的政府角度来说,需要在遵守中央政府制定的各项法律、法规的基础上,根据各地区自身经济发展和环境保护的需要,从当地具体情况出发,充分考虑当地的生态特点,制定地方性的法规、政策,使得中央政府的相关政策、法令有效落地。

(二)优化高原地区生态环境保护的管理体制

目前,我国生态环境保护的管理体制总体来说没有形成一个系统的整体,存在体制条理不清、管理政策重复交叉、事权划分不明的现象,高原地区尤其如此。多个利益主体为了各自的利益进行博弈,最终导致许多矛盾发生,甚至出现整体利益最小化,既损害生态环境,又使经济发展不尽如人意。目前,中央政府和地方政府之间、各地方政府之间、当地政府和环保部门之间的矛盾较为突出。因此,需要优化高原地区生态环境保护的管理体制。

一是理顺中央与地方政府之间的利益关系。众所周知,中央政府制定全国范围内的生态环境法律法规,主要考虑的是整体利益。而地方政府主要是执行中央政府发布的政策,同时制定符合当地特殊情况的地方性法规和政策。地方政府较为重视地区利益和短期效果,因此在一些带有污染性投资项目的批复中可能会降低环境标准,以吸引较多的投资。这就使得地方政府很难高标准、严要求地执行中央政府的各项环境政策,长期和整体利益难以实现,中央政府和地方政府出现矛盾。因此,必须理顺中央与地方政府之间的利益关系。

二是高原地区的地方政府必须学会系统思考,站在全局的角度考虑地区经济的发展。近几年来,许多高原地区经济增长率较高,但是付出的资源、环境成本也较高,资源浪费、环境污染、水土流失等一些问题仍然大量存在。各地方政府之间由于严格遵循管辖区域内的治理环境原则,没有考虑到生态系统是一个相互联系、跨区域、跨流域的循环系统,环保工作具有复杂性、综合性和跨地域性的特点。当出现跨区域环境问题时,各地方政府就会从各地方利益出发,只对当地环境负责,对本地转移的环境外部污染要求由外地承担,出现地方保护主义,影响整个环境政策的实施。

三是处理好高原地区条块管理部门之间的关系。目前,各地政府与环保部门由于各自追寻的利益目标不尽相同,地方政府希望实现较高的经济效益,对环保部门的工作经常以政治手段进行干预,造成环保部门的工作职责很难完成。同时,环保部门本身就存在机构不健全、经费不充足等问题,造成地方政府和环保机构在处理环境保护和经济发展的关系问题时,共同选择经济优先。正是存在这些不可忽视的矛盾,高原地区在建设生态循环经济时要优化管理体制,摒弃地方观念,尽可能减少这些矛盾造成的环境损失。

(三)加强高原地区生态环境保护的执法和监管力度

高原地区的生态环境保护和治理是一项复杂的系统工程,只有强化执法和监管环境,才能促使各部门高效地行使职责,使得经济发展和环境保护并驾齐驱。因此,有关部门应当认真履行法律赋予的职责,加强对生态环境保护的监管,构建行之有效的生态环境保护监管体系。

首先,要创造和谐的执法环境,引导群众共同参与环境保护活动,通过各种宣传活动让群众了解生态环境保护的法律法规和各项政策,在项目审批、环境决策等环境保护工作中,要广泛征求群众意见,听取群众建议,正确、科学地决策和开展每一项环保工作。

其次,要提高执法队伍的水平。执法队伍是法律制定到实施的执行人,关系生态保护法能否被高效地贯彻实施。因此,迫切需要建立一支素质高、修养好、能力强、作风硬的执法队伍,坚定不移地执行生态环境保护的法律法规。政府应对执法人员进行相关知识的培训,增强他们对生态环境保护的责任感和使命感,在实际的执法过程中要坚持因地制宜,不能生搬硬套,妥善解决好各种环境问题。与此同时,要严格执法,既要开展专项执法检查,又要开展日常执法工作,确保各项生态环境保护法律法规的全面贯彻执行,提高生态环境质量,维护生态平衡。

(四)强化生态环境保护的教育

由于经济、教育、环境等因素,导致了高原地区环保意识较差,环境司法过程中存在的障碍较多。事实上,保护环境是大家共同的责任和目标,强化生态环境保护教育、增强全民的生态忧患意识、提高参与保护生态环境活动的积极性就显得尤为必要。

首先,要加强对各级干部环保法律意识的教育,增强他们处理环境保护和经济发展关系的能力。各级干部是落实国家和地方各项法律、法规及政策的主体,只有首先具备了保护生态环境的意识,他们才能更加积极、更加有效地执行各项法律和实施各项政策,并带动广大人民群众共同参与。

其次,在群众中进行全方位的生态教育。鼓励公众参与环境保护,提高公众保护环境的自觉性。向公众普及生态环境保护知识,鼓励动员公众参加生态环境保护工作。同时,通过各种方式进行环保宣传,充分利用大众传媒工具广泛宣传生态文明理念以及国家关于环境保护方面的大政方针、法律法规等,倡导节能环保、爱护生态、崇尚自然,倡导适度消费、绿色消费,形成"节约环保光荣、浪费污染可耻"的社会风尚,营造有利于生态文明建设的社会氛围。此外,还可以通过开展环保知识、法律知识的讲座、培训以及自学等方式,建立学习的长效机制。

六、实行差别财税政策

长期以来,高原欠发达地区依靠过度消耗资源发展经济的现象非常严重,如果不从根本上改变现行的财政政策和税收政策,就难以扭转这种资源破坏型和环境污染型的发展模式。在高原地区发展生态循环经济的进程中,国家要旗帜鲜明地实行"唯生态价值是图"的财政税收政策,积极支持维护生态环境的产业发展,坚决限制破坏生态环境的企业的生存。对于高原地区发展"生态维护型、环境友好型、资源节约型"的产业及产品,国家的税收政策必须放宽,财政政策应该倾斜。具体来说可以从以下几个方面作出努力。

(一)完善税收优惠和税收征免政策

就税收优惠政策分析,对于高原地区发展生态维护型、环境友好型、资源节约型的企业,不受企业性质、资金来源的限制,普遍享受税收优惠政策;对于经过认定的生态龙头企业,暂免征企业所得税;对于那些市场潜力大、增长速度快的生态环保企业,实施所得税减半的优惠政策。

就税收征免政策分析,对那些碳排放量较大、危害环境较大的企业,将现行的收取企业排污费改为征收环境保护税;对那些易造成地质灾害和环境破坏的矿产开采企业,在征收资源税的同时,还要适当征收环境保护税。需要说明的是,开征环境保护税的目的是既从机制上促进企业和个人节约利用资源,减少对环境的破坏,又从税收收入的增加上加大对生态脆弱的高原地区进行生态保护的扶持,使优惠政策真正惠泽高原地区更多的生态环保型企业。

(二)实行差别化的财政投入政策

首先,在确定好水源涵养、土壤保持、防风固沙、生物多样性保护等不同生态区域的基础上,制定和执行各类不同生态区域恢复和保护专项规划,并制定专门的财政投入支持政策,加大对高原地区各类不同生态区域恢复和保护的财政投入力度。

其次,针对高原地区不同功能区的特点,选择对这些地区经济社会发展有着举足轻重影响的资源和环境保护项目,由国家统筹安排财政转移资金,或者对这些有利于高原地区资源和环境保护的项目提供财政贴息。

(三)多渠道筹集资金支持生态环保型产业发展

对落后地区的经济发展来说,资金总是不能满足快速发展的需要,特别是生态环保型企业,相较于其他类型的企业在生产成本上又加入了环境成本,加之财政投融资体制不健全、不合理,融资主体和方式较为单一,限制了企业融资能力发挥,在资金方面捉襟见肘。这就需要在传统的融资方式的基础上采取更加灵活的手段。政府要加大在落后地区财政融资的改革力度,积极引导信贷资金、民间资金、社会资金等各类资金进入生产领域,为生态环保型企业提供充足的资金来源。

七、建立国家生态发展基金

毋庸置疑，无论是高原地区生态维护基础设施的建设，还是对居民的搬迁和安置等，都无法完全通过民间资本市场来解决资金的来源问题。由于生态维护的特殊性和公益性，必须建立国家生态发展基金，用以保证高原地区维护生态和改善环境的必要投入。生态发展基金的筹集可以通过以下几个方式进行。

（一）个人生态补偿税

征收个人生态补偿税是解决生态建设资金不足、提高全民可持续发展意识和能力的一个强有力的手段，征收个人生态补偿税的终极目标，与政府的可持续发展宏观经济目标一致；中期目标是减少环境中的污染、减少能源使用、减少自然资源使用、刺激循环使用和修复、优先发展生态型经济等；短期目标是减少污染产品的消费等。征收个人生态补偿税也有利于广大人民群众提升环保的意识并自觉加入保护生态环境的活动中来，对实现高原地区形成长期的生态经济起着重要的基础作用。

（二）从国家年度财政预算收入的超收部分中适度提取

国家财政收入是国家实行财政政策的资金来源，从国家年度财政预算收入的超收部分中适度提取一些资金用于建设生态发展基金，补偿、帮助因难以承受排污税而濒于倒闭的企业解决困难或鼓励企业兼并。同时，每年根据具体的收入情况和生态基金的利用情况不断调整比例，尽最大可能满足生态基金不断增加的需求。这项措施同个人生态补偿税一样，具有长期的稳定性，能支撑国家生态基金的长远发展。

（三）对环境破坏的罚没收入

该项措施是对环境污染比较大的产业和企业进行惩罚，按照其对环境的污染程度征收一定的费用。这些费用成为生态发展基金的来源之一，用于支持生态环保类型企业的发展。通过惩罚措施促使企业改善现有的生产经营方式，积极改革落后的生产技术，生产对环境无害的产品，这有利于高原地区环保产业的形成。

（四）非政府募集资金

非政府募集资金是对前几种方式的一种补充，由于生态环保产业效益回收周期较长，初期投入资金数额较大，单靠政府的支出和税收难以满足大量的资金需求,因此可以多渠道募集资金。民间资金、信贷资金、外资等一些资金来源可以进入国家生态发展基金,通过完善的制度合理地分配给生态环保类型的企业。

八、依据不同地区的人口承载能力,有针对性地调整现有人口政策

众所周知,高原地区经济发展落后有其深刻的历史背景。一是自然条件恶劣,水资源严重短缺,生态环境脆弱,人口总量已经接近或超过了资源、环境和生态承载能力的极限;二是资源短缺、生态恶化使生态环境资源逐渐由免费物品转变成稀缺的经济资源,并且生态环境资源的稀缺程度随着经济的发展变得越来越大。因此,需要依据人口的承载数量,调整现有人口政策,具体可以从以下几个方面入手。

(一)合理控制高原地区人口数量

高原地区由于长期受落后观念的影响,其人口数量迅速增长,虽然高原地区地域辽阔,但生态环境较差,生态环境的承载力有限,人口无节制增长必然会对环境造成很大的冲击。因此,在高原地区要控制人口数量。

(二)坚定不移地实施生态移民政策

生态移民是解决高原地区人口负荷过大、改变当地生态赤字状况、缓解当地生态退化的一项重要措施。

一是制订科学合理的生态移民方案。高原地区在开展生态移民的工作之前,需要制订科学合理的移民方案,对生态移民地区的人口生态承载力进行研究,在此基础上确定所需移民的规模。同时,要全面分析移民工作所要面对的问题,并提前想好解决方案,做到规划合理,有条不紊。此外,从项目的筛选、规划、建设到验收、移交、运行,每一个环节都要向移民公开征求意见,倾听移民建议,尊重移民的意愿。没有想好的方案不能投入实施,杜绝先搬迁、后安置的不负责任的做法,以确保搬迁安置工作能够科学、合理、有序、高效、顺利进行。

二是多渠道筹集资金,保证生态移民工作有效开展。生态移民工程的浩大和艰巨性必然导致其需要大量的资金。政府的投入是生态移民的主要来源,政府通过财政政策保证生态移民工作的顺利开展,并根据不同类型区和不同的移民方式,有针对性地实行税收减免和信贷优惠政

策。除了政府财政投入外,还可以将企业和社会各界力量动员起来,参与到生态移民的开发过程中。企业和社会上聚集了许多闲散资金,政府可以通过建立生态移民基金,将这些闲散资金通过完善的制度统一管理,使之成为生态移民工程的又一项资金来源。此外,还可以通过民间信贷、企业融资等方式筹集资金。

三是推动移民迁入地区的产业开发和城镇建设。移民的主要目的是改善生活水平,生态移民迁出以后如何使其尽快富裕起来是移民开发的重大课题。为此,要大力推行产业化生态移民,扶持移民迁入地的产业发展,增加移民的工作机会。在高原地区,人们的收入主要来源于畜牧业、农业和基础工业,生产能力低,导致其生活水平较为低下。生态移民可以将高原地区的劳动力转移到高科技农业、工业和服务业中来,提高人们的劳动生产率。同时,根据移民迁入区的经济发展情况,结合基础设施的布局和建设,选择当地具有比较优势的产业进行重点建设。布局上注意相对集中,实现各企业之间的相互促进和基础设施的规模利用,进而带动人口的集中,逐步形成城镇。同时,政府要高瞻远瞩,从长远着眼,将农业、工业产业化与乡镇企业和小城镇建设集合起来,培育主导产业,推进规模经营,努力实现生产粗放式经营向集约化经营的转变。

九、实行大规模的高原地区人才开发工程

提高高原地区经济发展自主创新能力的切入点和主攻方向,主要是培养造就一大批适应性科研人才和制定促进自主创新的激励政策。因此,国家要制定和实行鼓励科研、教育、管理、经营、融资等各方面的优秀人才到高原地区创业和发展的激励政策,动员发达地区的高中级人才带技术、带项目、带资金、带市场到欠发达地区发展生态循环经济产业,带领高原地区的科技人员和广大劳动者创新立业,从整体上推动欠发达地区自主创新能力的提高。

(一)充分发挥政府的主导作用

一是国家引导优秀人才合理迁移。这几年来,发达地区所预留的岗位数大大低于需要寻找工作的大学生人数,从而造成许多高素质人才的失业率较高,转而从事较为低级的工作,造成人力资源的浪费。同时,由于经济发展水平、教育水平、基础设施水平的差距,发达地区的优秀人才

相较于高原地区来说具有很大的优势,而许多优秀人才出于对自身发展的综合考虑,不愿意去高原地区创业或者就业,这就需要政府制定一系列的政策鼓励和引导优秀人才往高原地区迁移,合理分配劳动力资源,实现劳动力的供需平衡。高原地区却存在相反的情况,他们迫切需要高素质人才参与经济建设,就这方面来看,政府有责任和义务引导发达地区过剩的人才往高原地区转移,充分释放劳动力。

二是通过产业转移带动人才合理流动。政府要站在统筹全国经济发展并协调区域经济发展的高度,对发达地区和高原欠发达地区采取不同的发展战略和策略。同时要不断加强和鼓励高原地区的基础设施建设,并在资金、技术、人才等方面给予支持,制定相关的优惠政策。在合理调整产业结构的基础上,鼓励东部地区的企业投资于落后地区,由产业转移带动人才向这些地区的转移。

三是国家重视高原地区人才的开发和利用。政府在制定教育政策、科技资金投入政策、人才发展政策方面需要向高原地区倾斜,同时在高原地区的教育基础设施建设及公共教育上加大投入力度,帮助高原地区改善基础条件和生态环境建设,鼓励高原地区的民众接受教育。由于高原地区的教育资金主要来源于国家和当地政府的投入,资金获取渠道较窄,无法满足教育发展的需要。因此,国家可以鼓励高原地区教育融资的多元化,吸收更多的社会闲散资金进入教育领域,不断提高高原地区的教育水平。

(二)引导高原地区塑造良好的人才成长和发展环境

一是提高高原地区人民的整体文化素质水平,增加人力资本积累。在我国经济迅速发展的大背景下,高原地区民众的文化水平、专业技能、科技水平等因素将成为限制高原地区未来经济发展的瓶颈。因此,为了充分利用本地充足的劳动力资源,不但要提高高原地区劳动力的文化素质水平,而且要加强对高原地区专业技术人才的培训,将社会需求与人才培养联系起来,为各行业发展输送专业人才,减少结构性失业。

二是高原地区要充分发挥招商引智的积极性。众所周知,人力资本是影响经济发展的重要动力和源泉。对人才的利用是提高技术水平、实现未来生态循环经济可持续发展、产业结构升级的基本保障。然而,研究资料显示,发达地区人才的流入对高原地区的经济增长贡献率不高,这与经济原理相悖离,其中的原因可能是人才流入的规模不足以引起高原地区经济的较大发展。同时,高原地区存在着人才利用不合理的问题。许多大学生所学专业与所从事行业的需求不匹配,从而导致结构性错位,人才资源得不到有效的利用。因此,高原地区需要提高对人力资本的重视,通过到大学生熟悉的网站、招聘会去招募专业对口的人才,从而缓解人才供需结构性失衡的矛盾。

(三)保持高原地区人才的相对稳定

人才的流动具有双面性,一方面它能对高原地区的社会、经济状况产生积极正面的影响,但反之也会因本地人才的流失或是引进的人才不适应当地的工作生活节奏而造成生产效率的低下。因此,高原地区需要制定一系列的人才政策,保持高原地区人才的相对稳定。

为此,一要调整产业结构,建立生态循环经济,增强对当地人才的吸引能力;二要积极对从业人员进行职业教育,使得从业人员的技能适应当地经济发展的需要;三要加强人力资本管理,实施人才引进暂时性和永久性结合的政策;四是高原地区的企业要加大对新进员工的培训,提升他们的技能和对企业的满意度,从而降低人员的流动性。

事实上,培训是高原地区留住人才的重要措施。员工对自身未来的发展比较关注,若能在最大限度上给予他们挖掘自身能力的机会,员工就会对企业产生依赖性,同时也能大大提升企业的劳动生产率和市场竞争力。对员工进行职业培训是高原地区继政策留人、感情留人、制度留人以外,又一减少本地人才外流和吸引外地优秀人才流入的有效措施。

第四章 青海高原生态环境与经济系统发展现状

本章以青海高原的青南地区为例,详细介绍青海高原的生态环境与经济系统发展现状。

第一节 青海高原生态环境现状

一、青南地区生态环境总体概况

绿色发展指数是综合评价一个地区经济发展和资源环境保护情况的指标,它包含资源利用、环境治理、环境质量、生态保护、增长质量、绿色生活、公众满意程度7个方面。除了公众满意程度是根据调查结果进行单独计算的以外,其他指标都是纳入绿色发展指标进行计算的。绿色发展指数更加强调经济和社会发展与自然资源环境的相互协调统一,能够反映出生态文明建设的总体进展情况。从《2016年青海省各市(州)绿色发展公报》中的数据可以看出,黄南藏族自治州环境治理指数和资源利用指数分别排名第一和第二,果洛藏族自治州的生态保护指数排第一,玉树藏族自治州的环境质量指数排第一。从绿色发展总体指数来看,黄南藏族自治州在青海省处于第二的位置,而果洛藏族自治州和玉树藏族自治州全省排名倒数第一和第二,果洛藏族自治州和玉树藏族自治州的增长质量指数也是全省倒数第一和倒数第二,这说明了玉树藏族自治州和果洛藏族自治州保护环境的同时,在经济方面作出了巨大让步,同时也说明青南地区在实现生态保护的同时,与经济没有达到协调发展。[①]

---

①杨秀春. 关于青海高原生态恶化的原因分析及对策探讨[J]. 农业科技与信息,2016(36):39.

二、青南地区生态资源现状

(一)地域广阔,农、林地面积较小

青南地区土地面积最大的是玉树藏族自治州,全州总面积为26.7万平方千米,占青海省总面积的37.02%,森林覆盖率为2.71%,可利用的草地面积占所在地土地面积的比重为55.8%,农耕地所占面积比例为0.046%。玉树藏族自治州是全国30个少数民族自治州中主体民族比例最大、生态位置最重要的一个自治州。

果洛藏族自治州地处青藏高原巴颜喀拉山和阿尼玛卿山之间,全州总面积7.64万平方千米,占青海省总面积的10.54%,其森林覆盖率为13.1%,可利用草地面积占所在地土地面积的比重为79.4%,农耕地所占面积比例非常小,土壤植被中的高山寒漠土面积为503.06万亩,为部分野生动物的栖息场所和雪莲、红景天等名贵药材生长区。高山草原土面积为1 323.4万亩,植物覆盖度为50%~60%,鲜草营养价值高,是较好的夏季草场;草甸土在全州六县河流两岸均有分布,草质优良,产草量高,是良好的放牧草场,泥炭土和沼泽土面积分别达210.26万亩和584.28万亩,在久治县、达日县、玛多县分布最广,是优良的夏季牧场,适宜放牧牦牛。

黄南藏族自治州总面积为1.87万平方千米,占青海省总面积的2.61%,其森林覆盖率为19.32%,可利用草地面积占所在地土地面积的比重为80.2%,农耕地所占面积比率为1.06%。

由此可见,青南地区农耕地所占面积和森林覆盖率都非常小,黄南州的可利用草地面积相对较大,土地利用率较高,而玉树州虽然国土面积广阔,但无法利用的土地面积很大。

(二)水能资源富集

青南地区水电资源富集,2016年水能理论蕴藏总量约为1 205.2万千瓦。长江、黄河都发源于玉树藏族自治州。亚洲第六条大河,东南亚第一条巨川,著名的湄公河(在中国境内称为澜沧江)也发源于玉树。

果洛藏族自治州因强烈的地貌隆起和下降及寒冻边缘和水流作用,全州河流地貌发育活跃,境内年平均河流径流总量约为114.09亿立方米,占青海省地表水径流量(631.4亿立方米)的17.6%。此外,境内有大小湖泊100多个,湖泊总水面达1 673.8平方千米,扎陵湖、鄂陵湖二湖总蓄水

量达153亿立方米。果洛藏族自治州境内冰川主要有两处,北部的阿尼玛卿山冰川面积达149.13平方千米,东南的年宝叶什则山的冰川面积为5平方千米,全州冰川覆盖面积达154.13平方千米,占全州总面积的0.21%。

黄南藏族自治州境内大小河流140余条,其中较大河流60条,主要河流均为黄河一级支流,水能资源丰富。黄河流经黄南州境内南北两端,径流量131.5亿立方米。境内水能资源理论蕴藏量为308.8万千瓦,其中黄河为242万千瓦,隆务河为36.8万千瓦,则曲河为7.2万千瓦,其余河流为22.8万千瓦。青南地区充沛的水量不仅为开发电力工业提供了优越条件,也为灌溉农田、草原和森林,发展农林牧业生产提供了良好的条件。

(三)太阳能和风能资源开发利用价值巨大

青南地区海拔高,日照时间长,季风时间长,平均风速大,大风出现较为频繁。果洛藏族自治州境内太阳辐射高,年辐射总量在580～680千焦耳/厘米²之间,年日照时数2 310～2 740小时,比同纬度内地偏多300～500小时。冬半年晴天数比夏半年的晴天数多20天左右,在集中采暖的冬季,为有效利用日光能技术、造福于民提供了得天独厚的条件,且全年可利用风能时间在2 100～3 500小时,有很大开发利用价值。黄南藏族自治州境内的河南蒙古族自治县和泽库县为风能季节利用区,全年风能可利用时间为3 000～5 000小时,其中泽库县为4 100小时。由此可见,青南地区的风能和太阳能资源十分丰富,是无污染的自然再生资源,如若加以合理开发,其利用价值巨大。

(四)矿产资源储备丰富

青南地区矿产资源较为丰富,玉树藏族自治州目前发现的有色金属矿产地有74处,贵金属矿产地38处。位于称多县的卡亚吉大型锂铍矿床,锂铍含量极高。除此之外,还有一些建材及其他非金属矿产,如位于唐古拉山的吴曼通洞水晶矿床,经专业部门考察,其水晶含量极高。果洛藏族自治州境内金、铜、钴、锌、煤等矿点较多,蕴藏量丰富,全州已探明的矿产地有64处,矿种有14个。其中有色金属矿床6处,矿点9处,矿化点9处。贵金属矿产中,有小型岩金矿床1处,矿化点3处,中型沙金矿床3处,矿点11处。其中吉卡沙金矿床是一个中型沙金矿床,其潜在经济价值可达3亿元。境内煤炭及泥炭资源丰富,已探明的煤炭储量约1 200

万吨,煤矿点9个,泥炭矿点14个,具有一定的开发前景。黄南藏族自治州中北部和北部地区,岩浆活动频繁,导致成矿作用比较活跃,矿种丰富,类型多样,分布广泛,现已发现含有铁、铜、铅、锌、镉、钨、锡、石墨、冰洲石、芒硝、煤、泥炭等矿藏153处。其中大型泥炭矿床4个,D级储量787万吨,有以铅、锌、砷、金、银、硫等元素为主的中型多金属矿床2个,矿床潜在价值5.1亿元,可提取价值1.1亿元;有中型砷金矿1个,矿床潜在价值2.6亿元,可提取价值1.6亿元;有可供开采的小型矿床9个。此外,尚待进一步勘察的矿点有5处,矿化点22处。

青南地区地矿产资源为其工业发展提供了先天条件,但工业开采会对其生态造成一定程度的破坏,因此,要考虑到其自身生态特殊性,必须谨慎开采。

(五)药材资源品质优良

青藏高原之所以被称为神奇的地方,与其拥有品质优良的藏药资源是分不开的。由于特殊的生态环境,所产药材质地优良,药用动植物、矿物资源相当丰富。据统计,玉树藏族自治州生产野生动植物药材有400多种,1987—1994年,果洛藏族自治州的玛沁县、班玛县专门组织有关专家进行中药和藏药材资源普查,共普查各类植物药357种、动物药50种、矿物药19种。黄南藏族自治州境内动物性药材有鹿茸、熊胆、麝香等,其中麝香资源丰富,质量尤佳。野生植物资源也非常多,现已发现的野生植物药材有300多种,境内植物、动物、矿物三大类药材共计710种,其中植物药82科579种、动物药52科105种、矿物药26种。据普查,黄南藏族自治州全州三大类药材年储量约有5 055万千克以上。

虽然,青南地区动植物和矿物药材品质好、数量多,但野生植物药材的挖取会对生态脆弱区的草场造成一定程度的破坏。

(六)旅游资源闻名遐迩

处于青藏高原腹地的青南地区,文化灿烂,历史悠久,文旅资源富集。玉树藏族自治州、果洛藏族自治州和黄南藏族自治州在努力将生态环境恢复到原生状态的同时,积极开发和大力发展旅游业,2017年分别实现旅游收入5.75亿元、4.02亿元、16.07亿元。自然景观方面,随着高原地区大开发战略的实施和三江源、可可西里、隆宝滩三个国家级自然保护区的建立,提高了玉树藏族自治州的知名度;果洛藏族自治州海拔6 282米的阿尼玛卿雪山、总面积37万公顷的黄河源国际狩猎场、黄河上游面积巨大的淡水湖鄂陵湖和扎陵湖、玛域格萨尔文化活动中心等,每年都会吸引众多游客前来参观;黄南藏族自治州有尖扎县的坎布拉国家级森林地址公园,河南蒙古族自治县的圣湖、仙女洞、双鱼湖、吉岗山景区等旅游胜地。

人文旅游资源方面,玉树藏族自治州的文成公主庙历史底蕴深厚、文化故事感人,还有众多藏传佛教寺院都是佛学研究的圣地;果洛藏族自治州有藏传佛教寺院66座,具有很高的旅游价值和宗教研究价值;黄南藏族自治州的热贡艺术馆、隆务寺、德千寺、和日寺、多杰宗寺等也都非常出名。青南地区以民间艺术、佛教文化等为依托,充分挖掘其内涵与精华,定能成为中国藏区极具有民族特色的生态文化旅游区。

三、青南地区生态环境治理现状

(一)青南地区生态破坏与治理的历史回顾

1958—1972年是青南地区生态环境恶化时期。一些未经勘察设计和科学论证,严重违背自然规律的做法,加重了农牧矛盾,破坏了天然草场和生态平衡。

1973年,青海省为了贯彻落实国务院第一次召开的环境保护工作会议,设立了"三废"治理领导小组。青海省首次将"搞好环境保护"列入议事日程是在第五个五年计划(1976—1980年)时期。青海省环境保护局于1979年成立,随后,各州、市、县的环境保护机构也相继成立,但这期间,全省牧区掀起了兴修水利、围建"草库伦"等草原建设热潮。到1979年末,牧区各种类型的"草库伦"共建73.33万公顷,建设中挖取大量草皮,对草原造成了新的破坏。

改革开放初期,是青海南部生态脆弱地区生态环境持续恶化时期。为了尽快改变落后面貌,解决大面积贫困问题,实现经济快速发展的强烈愿望,"先开发后治理""只开发不治理"的思想仍然占据主导地位,没有正确、科学地处理好生态保护与经济发展之间的关系,致使二者矛盾日益突出。据相关调查显示,三江源地区出现不同程度退化的草地占90%,同20世纪50年代相比,单位面积产草量下降了30% ~ 50%,仅黄河源头20世纪80—90年代平均草场退化速率就比70年代增加了1倍以上，"黑土滩"面积、沙化面积不断扩大。在此期间，三江源地区水土流失面积占三江源总面积的34%，黄河、长江、澜沧江水土流失面积分别为1.55万平方千米、1.02万平方千米、0.88万平方千米，年平均输沙总量达到12 040万吨。同时，高原鼠兔、鼢鼠、田鼠数量急剧增加，加大了青南地区环境破坏程度，黄河源区有50%的黑土型退化草场是鼠害所致，生物多样性受到严重威胁。最为严重的是，三江源头来水量逐年减少，1997年黄河源头首次出现断流，上游连续7年出现枯水期，鄂陵湖和扎陵湖两湖间发生断流，水位下降明显。源头来水量逐年减少不仅制约了青南地区农牧民的生活生产和社会经济的持续发展，更影响到下游1亿多人口的正常生产和生活。

高原地区大开发为青海省提供了战略机遇，在科学发展观的正确引导下，在以经济建设为中心的同时，全力推进生态保护和建设工作。2003年1月，国务院正式将"三江源自然保护区"晋升为"三江源国家级自然保护区"。三江源自然保护区建设工程于2005年1月26日被正式批准，国家计划投资75亿元实施三江源国家自然保护区生态保护和建设。长江中上游防护林、退耕还草还林、退牧还草，黄河上游治沙减沙等众多工程也开始实施，三江源地区退牧还草试点工程等国债资金建设项目开始启动，草地建设项目总投资达20.24亿元。但由于前期破坏太严重，这一时期的环境治理和经济发展成效不是太明显，三江源地区生态环境日趋恶化的形势依然非常严峻。

党的十八大以来，"绿水青山就是金山银山"的提法出现以后，引发人们对生态与经济协调发展的进一步思考。在可持续发展理念的科学引导下，青南地区科学合理地治理生态已经卓有成效，生态畜牧业经济示范工作逐渐开展。2016年，习近平总书记到达青海考察时强调，青海省最大的价值和责任在于生态，其经济发展需要在尊重自然、保护生态的基础上，保持经济持续健康发展。从此，开辟了青南地区生态与经济协调发展的新篇章。

（二）青南地区生态环境治理情况

在历史变迁中，青南地区环境破坏的严重性早已凸显，由于前期不合理的经济行为和不科学的经济发展模式对三江源生态造成了难以恢复的毁坏，趋于三江源生态地位的重要性和治理的紧迫性，2003年，"三江源国家级自然保护区"正式批准建立,开启了青南地区生态保护和治理的新局面。

退牧还草工程是青南地区生态治理的重点项目。2003—2016年,玉树藏族自治州完成退牧还草任务8 986.77万亩,完成舍饲棚圈建设21 950户;果洛藏族自治州完成退牧还草6 341.29万亩,舍饲棚圈建设13 100户;黄南藏族自治州完成退牧还草2 076.6万亩,舍饲棚圈建设8 450户。

除了退牧还草工程,青南地区还实施了封山育林、鼠虫害防治、沙化治理、高原湿地保护与修复、生物多样性保护等工程。同时,产业发展政策不断调整,生态移民工程顺利进展,还设置了生态公益性岗位等。

"十五"期间,三江源生态保护与建设工程累计完成投资40.5亿元,完成计划总投资的54%。青南地区积极实施退耕还林、荒山造林、封山育林等项目,对草场退化严重的地区采取禁牧、休牧措施,实现减畜上百万个羊单位,生态移民工程有序开展。

"十一五"期间,在前期工作的基础上,继续进行减畜禁牧、黑土滩综合治理、草原补播、鼠害防治等工作;支持牧民们进行养畜项目建设、小城镇建设、能源建设和移民社区配套建设;并支持农牧民发展生态畜牧经济;沙漠化治理、湿地保护等工程都取得了显著成效,隆宝国家级自然保护区二期工程基本完工,可可西里国家级自然保护区建设转入二期筹备阶段。

"十二五"期间,通过三江源一期工程和其他项目工程的有效实施,青南地区生态系统总体上呈现向好趋势,草场退化得到初步遏制,大力开发生态公益性岗位,全面兑现生态保护奖励补偿资金,农牧民生活条件开始好转,生态保护意识逐渐增强,投资5 000万元对曲麻莱白地沟、大场金矿过采区进行生态修复,投资1.2亿元对班玛县玛尔曲、甘德县西柯曲、久治县沙曲、达日县吉迈河等中小河流进行治理,退牧还草、沙漠化防治、黑土滩治理、沼泽湿地保护、生态移民、核减超载牲畜等项目一如既往地有序开展。

"十三五"规划实施以来,青南地区生态环境持续改善,在生态优先理念的支持下,林管员、草管员、河湖管护岗位不断增加,在保护生态的同时,解决了大量农牧民就业问题;违规采矿企业、对生态破坏严重的砂石厂,以及各类问题企业得到有效清理关停和整改;泽曲国家湿地公园、洮河源国家湿地公园、和日国家沙漠公园保护治理项目开始实施;对李家峡水库进行生态保护与治理,污染防治和减排工作得到加强,生态环境综合整治成效明显。

第二节　青海高原经济社会发展现状

一、青南地区经济发展在全省的地位

青海省经济总量由2010年的1 350.43亿元上升到2017年的2 642.80亿元,2021年为3 346.63亿元。2010年,玉树藏族自治州、果洛藏族自治州、黄南藏族自治州的经济总量分别为31.86亿元、20.43亿元、34.6亿元,占青海省经济总量的2.36%、1.51%、2.56%;2017年青南三州的经济总量分别为64.38亿元、37.27亿元、79.01亿元,分别占青海省经济总量的2.44%、1.41%、2.99%。在这8年时间中,玉树藏族自治州和果洛藏族自治州的经济总量增长1倍左右,黄南藏族自治州增长约1.3倍,但是青南三州占青海省经济总量的比重几乎没变,依然保持在很低的状态。[①]

地区生产总值数额和比重最能反映青南地区经济发展在全省的地位,虽然2010—2017年,青海省和青南三州的经济总量都是逐年上升的,但青南三州地区生产总值占全省比重非常小,整体的经济发展水平落后于同期青海省平均水平,说明青南地区的经济发展水平在青海省较为低下。

2017年,玉树藏族自治州、果洛藏族自治州、黄南藏族自治州农牧民人均可支配收入分别为6 839元、6 625元、8 164元,与青海省农村居民人均可支配收入9 462元有一定的差距。从经济结构来看,青南三州中玉树藏族自治州第一产业对青海省第一产业贡献率最大,其次为黄南藏族自治州。但是玉树藏族自治州第二产业和第三产业贡献率都处于较低的水平。黄南藏族自治州的社会固定资产投资比重稍高,占青海省的2.7%,玉树藏族自治州和果洛藏族自治州所占比重更低,仅为1.79%和

---

①孙爱霞,王武龙. 青海高原生态环境问题的成因及对策[J]. 水利发展研究,2001(2):19-21.

1.83%。青南地区社会消费品零售总额非常低,玉树藏族自治州、果洛藏族自治州、黄南藏族自治州分别占青海省社会消费品零售总额的1.5%、0.8%和1.2%,邮电业务总量占比也是非常低,分别为1.9%、1.1%和1.4%。

青南地区无论是投资还是消费方面总体上仍然处于非常低的水平。玉树藏族自治州、果洛藏族自治州、黄南藏族自治州的地方公共财政预算收入普遍非常低,仅为青海省财政预算收入的1%左右,但地方公共财政支出反而很高,由此可见青南地区的财政收入缺口非常大,这就增加了青南地区生态与经济协调发展的难度。

二、青南地区经济社会发展现状

(一)青南地区产业结构现状

产业结构指的是农业部门、工业部门和服务业部门在一国经济中所占的比重。首先从各经济部门产值来看,2010年,玉树藏族自治州、果洛藏族自治州、黄南藏族自治州第一产业产值分别为17.98亿元、4.40亿元、12.81亿元;2017年,第一产业产值分别为27.85亿元、6.65亿元、20.35亿元。2010年,玉树藏族自治州、果洛藏族自治州、黄南藏族自治州的第二产业产值分别为7.28亿元、8.52亿元、17.62亿元;2017年,第二产业产值分别为22.71亿元、12.28亿元、26.64亿元。2010年,玉树藏族自治州、果洛藏族自治州、黄南藏族自治州三州的第三产业产值分别为6.60亿元、7.51亿元、13.25亿元;2017年的第三产业产值分别为13.82亿元、18.34亿元、32.02亿元。青南三州中,玉树藏族自治州的第一产业产值相对较高,黄南藏族自治州次之,果洛藏族自治州最低;黄南藏族自治州第二产业和第三产业产值相对其他两州都较高。但是总体上,青南地区三个产业产值都很低,产业发展水平很差。

2015年之前,果洛藏族自治州和黄南藏族自治州的产业结构均呈现出"二、三、一"的形式,2015年之后发展为"三、二、一"的形式,且2017年果洛藏族自治州的第三产业比重几乎达到其地区生产总值的一半,表明其产业结构已呈现出合理化的趋势。但是对于玉树藏族自治州而言,虽然第一产业比重在逐年下降,第二产业比重在逐年上升,但是第三产业比重保持在较低水平的平稳发展状态,且第一产业依然是其支柱产业。2017年玉树藏族自治州的第一产业比重仍在40%以上,依然呈现出"一、

二、三"的结构形态,其产业结构非常不合理,应当大力发展第三产业。

由此可见,果洛藏族自治州和黄南藏族自治州的经济增长方式已经开始发生转变,产业结构也趋于合理,从而可以带动劳动力进行转移。但是玉树藏族自治州产业结构依然单一,第三产业发展缓慢。青南地区的第一产业以牧业为主,原始的放牧方式对生态破坏严重,牛羊粪便会对河水造成很大程度的污染,从而增加饮用水净化成本和下游群众的医疗成本,这也反映出玉树藏族自治州在生态与经济协调发展过程中需付出更高的经济成本。

(二)青南地区生态畜牧业发展状况

青南地区于2008年开始贯彻实施生态畜牧业试点示范,已取得显著成效。畜牧业是玉树藏族自治州的支柱产业、命脉产业和母体产业,截至2017年底,玉树藏族自治州牲畜存栏量为250.6万头(只、匹),共产各类仔畜73.34万头(只、匹),产仔率为47.72%,成活率为83.65%,成畜损亡1.97万头(只、匹);牲畜出栏达到82.85万头(只、匹),出栏率为32.58%,商品率为23.1%。实现肉产量4.39万吨,奶类产量4.63万吨。玉树藏族自治州牦牛占全省牦牛的36%,在玉树藏族自治州,将牦牛作为主导产业发展有很大的空间。截至2017年底,玉树藏族自治州组建草地生态畜牧业合作社204个,农牧业龙头企业15家(省级6家,州级9家)。2017年曲麻莱县顺利通过了北京中绿华夏有机食品认证中心的有机认证,玉树藏族自治州的牦牛被农业农村部等9个部门认定为农产品优势区。

果洛藏族自治州自2008年发展生态畜牧业以来,全州175个纯牧业行政村都积极组建生态畜牧业合作经济组织。生态畜牧业合作社通过草场整合、牲畜入股、集体养殖、转移劳动力、规范运作等举措,截至2016年,共有34个合作社经营初见成效,实现了年底分红目标,分红总资金达1 395万元,涉及3 429户13 954人,户均达4 070元,人均约1 000元,实现分红的合作社数量比2015年增长2倍多。在2017年底开展的试验区省级绩效考核中,试点社总量由18个增加至20个,试验区试点合作社实现了优胜劣汰的动态化管理。特别是2017年甘德县岗龙村合作社通过产业化养殖及种植获得纯收益达239.95万元,分红资金达164.25万元,涉及牧户178户,户均分红9 997元,人均2 314元,增收效果相当显著。

截至2017年,黄南藏族自治州发展生态畜牧业合作社133家,入社牧户2.24万户,占总牧户的77.5%。全国草地生态畜牧业试验区建设有序推进,牧民入社率、草场和牲畜整合率分别达到89.1%、78.8%、81%,牧民组织化生产程度明显提高。与此同时,黄南藏族自治州为提高农畜产品标准化水平,全州合作社规范化建设达71家,都是严格按照标准化生产要求进行生产。如尖扎县康杨镇金农综合养殖专业合作社始终强化产前、产中、产后系列化服务,实现年纯收入186万元,辐射带动周边农牧户148户,取得了较好的经济和社会效益。在此基础上,努力培育壮大有机产业,黄南藏族自治州的1 860万亩天然草场、161万头(只、匹)牲畜通过了有机认证。泽库县928万亩草场通过农业农村部有机农业示范基地复评审。绿草原、西北宏等企业入驻有机产业园区,年产有机牛羊肉3 500吨,实现产值3.58亿元,带动农牧户2 100户、9 653人。为了切实改善民生,通过生态畜牧业的发展,不断加快畜牧业产业化经营,培育了"互联网+""农商对接""农超对接"等畜产品销售模式,黄南藏族自治州生态畜牧业专业合作社在京、津、冀地区,以及拉萨、西宁、贵德等地方开设特色畜产品直销店126家,年产值达到1.2亿元,净利润约6 890万元,有效提高了市场占有率,带动牧民群众实现了脱贫增收。

由此可见,青南地区实行生态畜牧经济发展模式以来,农牧业已经基本实现合作化经营组织,且农牧民收入也随之增加,有效促进了青南地区生态与经济从不协调向弱协调的转变。

(三)青南地区工业发展情况

2017年,玉树藏族自治州工业增加值完成0.82亿元,增长了0.5%。果洛藏族自治州完成工业增加值2.96亿元,同比下降21.38%,其中:规模以上工业完成增加值2.299亿元,同比下降26.54%;规模以下工业完成增加值0.66万元,同比下降0.35%。果洛藏族自治州工业企业的主要产品中,铜金属含铜产量11 487吨,同比下降22.9%,但是冷冻牛羊肉产量为625吨,同比增长70.3%。黄南藏族自治州的工业增加值为12.8亿元,比2016年产值下降6.75%,其中规模以上工业企业实现增加值8.24亿元,下降了3.7%。从工业类型来看,轻工业增加值为3.58亿元,增长了12.71%,轻工业产值涨势明显;重工业增加值9.22亿元,下降12.23%。工业生产铝锭0.11万吨,下降96.7%;鲜冻牛羊肉1.35万吨,增长37.54%。

由此可见,一方面由于生态环境保护的需要,青南地区工业比重逐年下降,另一方面是由于青南地区的工业以矿业原始开采和加工为主,对生态环境破坏严重,甚至很多矿产品挖出来后直接拉去甘肃或陕西等地进行加工,以原材料的形式直接出售那些矿土,导致工业产值很低。青南地区的工业发展并没有成为其经济发展的新的增长点,工业部门为其生态与经济协调发展所作贡献较小,主要是受特殊地理位置和生态地位所限。

(四)青南地区民营企业发展状况

由于青南地区是藏族人口聚居区,当地的民营企业经营者也大多是藏族。2000年以来,高原地区大开发政策有效促进了青南地区民营经济的发展,民营企业规模也在不断扩大,这在吸纳就业和带动当地经济发展方面发挥了重要作用。西部大开发政策的实施,使青南地区的民营企业得到了快速发展,企业规模也在不断扩大。从青南地区各州的发展情况来看,六州的企业数量和注册资金的增长率都是以两位数甚至三位数的速度在发展壮大。但从青海各州企业数量年均增长率、年均注册资金总额和平均注册资金数额来分析,6个藏族自治州的发展情况存在明显不同。2000—2017年间,虽然当地的民营企业数量和注册资金都是以超过30%的增长率在发展,但企业基数小,企业年平均发展数量最高的玉树藏族自治州也只有160个,果洛藏族自治州只有35个,说明从事商业活动的藏族人口数量非常有限,企业年均注册资金总额也普遍较低,数量最高的玉树藏族自治州也仅为6.29亿元。

青南地区以民营经济发展为主的第三产业主要是批发零售、简单加工制造、住宿和餐饮等行业,所以,青南地区乃至青海省整个藏区的民营企业发展滞后,缺乏技术型企业带动当地经济发展,经济发展的科技含量非常低,阻碍了生态与经济强协调发展目标的实现。

(五)青南地区城镇化水平

城镇化水平能够反映一个地区的人民生活状况和经济发展状况。2010年,青海省的城镇化率为44.72%,2017年达到了53.07%。2017年青海省各市(州)城镇化率,海西州和西宁市的城镇化率水平分别达到62.29%和68.33%,都远远高出青海省的平均水平;海北和海东,分别达到30.12%、27.53%。青南地区三个州的城镇化水平都处于较低的状态,黄南藏族自治州排名第五,果洛藏族自治州和玉树藏族自治州排最后。2017年全国平均城镇化率为58.52%,青海省53.07%的城镇化率低于全国平均水平,且青南地区的城镇化率在青海省是最低的,玉树藏族自治州为16.6%,果洛藏族自治州为17.3%,黄南藏族自治州为25.6%,与全国相比差距更大。

虽然青南地区以农牧业为主要经济来源,但从事传统农业与低端放牧的农村人口太多,导致城镇化水平太低反而会不利于当地生态与经济的协调发展,因此还需加快农牧区人口转移力度。

(六)青南地区农牧民收入及消费水平

1. 农牧民收入状况

青南地区在历史上经历了严重违背自然科学规律的破坏性开发之后,政府上下全面认识到了天然草场被迫失去生态平衡的严重后果,农牧业生产逐渐趋于科学化,生态畜牧业建设趋于成熟化,农牧民收入有所提高。2010—2017年,青海省农村居民人均可支配收入由3 863元上升到9 462元,增长了近1.5倍,城乡居民收入比分别下降0.52和0.51个百分点。2010年,玉树藏族自治州、果洛藏族自治州、黄南藏族自治州的农牧民人均可支配收入分别为4 058元、2 750元、3 200元,2017年分别达到6 839元、6 625元、8 164元,8年时间中,玉树藏族自治州城乡居民人均可支配收入比上升了0.43个百分点,果洛藏族自治州和黄南藏族自治州分别下降1.19和0.91个百分点。

2010—2017年,青南地区城乡收入差距仍高于青海省和全国平均水平,农牧民收入呈上升趋势,但城乡收入差距并无明显缩小趋势。黄南藏族自治州农牧民收入水平高于玉树藏族自治州和果洛藏族自治州,果洛藏族自治州和玉树藏族自治州的农牧民人均收入水平基本相当,城乡收入差距高于黄南藏族自治州。青南地区农牧业还未全面实现产业化经营,城镇居民与农牧民人均可支配收入分配不均衡现象突出,农牧民收入水平较低,不利于生态与经济的协调发展。

2. 农牧民消费状况

从生活消费支出状况可以看出,青海省的农村居民消费支出数额稍低于全国平均水平,全国农村居民消费支出占全体居民消费支出的50%左右,青海省是60%左右,玉树藏族自治州、果洛藏族自治州、黄南藏族自治州分别为60%、40%、70%。由此可以看出,青南地区农牧民生活消费水平差距明显,黄南藏族自治州农牧民生活水平明显高于果洛藏族自治州。2010年,玉树藏族自治州、果洛藏族自治州、黄南藏族自治州农牧民人均生活消费支出分别为1 731元、2 034元、2 975元;2017年,分别达到4 943元、4 219元、7 192元。

2010—2017年,青南地区的农牧民消费支出水平逐年递增,黄南藏族自治州农牧民人均消费支出高于玉树藏族自治州且高于果洛藏族自治州。但是青南地区农牧民人均生活消费支出水平与全国和青海省都相差较大:2017年,全国农村居民人均生活消费支出额比青海省高出0.1倍,比玉树藏族自治州高出1.22倍,比果洛藏族自治州高出1.6倍,比黄南藏族自治州高出0.52倍。青南地区农牧民消费水平虽然逐年增加,但仍然处于较低水平,农牧民生活水平低下则不利于地区经济社会的协调发展。

3. 青南地区教育现状

教育是为一个地区培养人才的最重要手段,人才是一个地区经济发展的动力。从2010年11月1日进行的全国人口第六次普查数据可以看出,青南地区各州文盲率非常高,全国文盲率为3.99%,玉树藏族自治州、果洛藏族自治州、黄南藏族自治州的文盲率分别为17.85%、11.94%和22.37%,青南三州文盲率远远高于全国平均水平,尤其是黄南藏族自治州的文盲率最高。文盲人数太多则会直接制约当地的经济发展。

青南地区人口受教育程度普遍较低,主要集中在小学水平,玉树藏族自治州、果洛藏族自治州、黄南藏族自治州小学程度人口比例分别为40.42%、48.68%和44.29%。从全国来看,受教育程度主要集中在初中水平,达到37.92%,而玉树藏族自治州、果洛藏族自治州、黄南藏族自治州初中程度人口比率分别仅为7.26%、10.3%和9.79%。青南三州文化程度在高中和大学以上的人口比率就更少了,全国高中程度人口为13.72%,玉树藏族自治州、果洛藏族自治州、黄南藏族自治州则仅有2.71%、3.31%和5.52%,远远不及全国平均水平,玉树藏族自治州大学(包括大专)以上文化程度的人口比率仅为3.31%,果洛藏族自治州、黄南藏族自治州分别为5.7%和5.59%,距离全国8.73%的平均水平还有较大差距。从三州内部比较来看,玉树藏族自治州各文化程度人口比率最低。

2011—2017年,青南三个州的学龄儿童入学率都在99%左右,和全国平均水平不相上下,适龄儿童基本可以实现有学可上的愿望,每个州的初中升学率都在逐年上升,2017年的初中升学率均在95%以上,玉树藏族自治州实现了100%。黄南藏族自治州和玉树藏族自治州的小学升学率也是逐年上升,都在90%以上,而果洛藏族自治州的小学升学率只保持在80%左右。由此可见,九年义务教育在青南地区取得一定成效,教育水平有了明显提升,但果洛藏族自治州的小学升学率还需进一步提升,青南地区的教育水平整体上还有一定的上升空间。

青南地区师资力量薄弱。2017年,玉树藏族自治州、果洛藏族自治州、黄南藏族自治州专任教师人数占青海省专任教师的比重分别为7.2%、3.3%和4.6%,占全国专任教师数量的比重分别为0.03%、0.014%和0.02%。由此可见,青南地区师资力量不足的问题非常突出。

4. 青南地区医疗卫生状况

医护人员数量和卫生室机构数量在一定程度上反映出一个地区的医疗状况。相关统计资料显示,青南地区设卫生室的村数占所有行政村的比例达到100%,但是由于农牧民居住分散,就医依然很不方便。玉树藏族自治州、果洛藏族自治州、黄南藏族自治州的村卫生室机构数占青海省所有卫生室机构数的比例分别为5.7%、4.2%和6.3%,卫生技术人员数量占青海省所有卫生技术人员数量的比例分别为2.9%、1.7%和2.8%。玉树藏族自治州和黄南藏族自治州的人口出生率低于青海省平均水平,果洛藏族自治州的人口数量高于青海省平均水平,青南地区的人口死亡率普遍低于青海省平均水平,甚至低于全国水平。即便如此,青南地区的医疗状况还是不容乐观,农牧民就医条件艰苦,仍需进一步提升医疗水平。

(七)青藏高原旅游业与生态环境发展现状

1. 研究区域概况

青藏高原(中国境内部分)位于我国西部地区,西起帕米尔高原,东连横断山脉,南迄喜马拉雅山脉南缘,北达昆仑山—祁连山北侧。平均海拔在4 000米以上,是世界上海拔最高、面积最大且最年轻的高原。在行政单元上,青藏高原主体部分由青海省和西藏自治区两个行政单元构成,除上述两省区外,青藏高原还囊括新疆维吾尔自治区、甘肃省、四川省和云南省的部分地区。因周边地区市域单元多不能完整地囊括在青藏高原范围内,为方便数据的获取和计算,笔者选取青藏高原青海省和西藏自治区下辖包括西宁市、拉萨市、海东市、日喀则市等在内的 15 个地、市、州作为研究区域。

2. 青藏高原旅游业发展现状

青藏高原旅游资源极其丰富,依据其属性可分为自然旅游资源和人文旅游资源两大类。自然旅游资源主要包括地文景观、水域风光、气候天象、生物景观等,人文旅游资源主要包括历史文化景观、民族宗教景观、建筑遗迹景观、民俗文化景观等。

近年来,青藏高原旅游业高速发展,旅游总人数逐年攀升。2000—2018 年,青藏高原共接待海内外旅游者总人数从 706.36 万人次迅速增加到 12 643.73 万人次,年均增长 17.38%。其中,青海省 2000 年共接待海内外旅游者总人数为 456.05 万人次,2018 年共接待海内外旅游者总人数为 8 303.53 万人次,年均增长 17.49%。西藏自治区 2000 年共接待海内外旅游者总人数为 250.31 万人次,2018 年共接待海内外旅游者总人数为 4 340.20 万人次,年均增长 17.18%。

旅游人数的攀升带来了旅游经济的繁荣发展。2000—2018 年,青藏高原旅游总收入从 10.23 亿元迅速增加到 1 001.91 亿元,年均增长 29.01%。其中,青海省 2000 年旅游总收入为 4.71 亿元,2018 年旅游总收入为 554.34 亿元,年均增长 30.33%。西藏自治区 2000 年旅游总收入为 5.52 亿元,2018 年旅游总收入为 447.57 亿元,年均增长 27.66%。

国家高度重视青藏高原旅游业的发展在地方经济建设中发挥的突出作用。2018 年,在国务院新闻办公室发布《青藏高原生态文明建设状况》白皮书中专门设置"旅游业助力绿色发展"章节,指出,青藏高原独特的自然与人文景观,为旅游业发展提供了丰富资源。旅游发展带动了餐饮、住宿、交通、文化娱乐等产业的发展,促进了文化遗产保护、传统手艺传承和特色产品开发。旅游业已成为青藏高原实现绿色增长和农牧民增收致富的重要途径。

为了更好地助力青藏高原旅游业的稳步发展,各级政府均积极采取行动,加大投资力度,完善市场监管,出台旅游相关法律法规。青藏高原旅游业政策关注的重点正不断细化,如 2014 年西藏自治区颁布实施《2014 年度全区旅游市场专项整治行动工作方案》,对旅游市场乱象实现集中整治;

2017年青海省开始制定《乡村旅游点质量等级评定与管理办法》,对日益兴起的农牧区乡村游实现规范化管理。对青藏高原旅游业的有序发展产生了显著的促进作用。2018年,青海旅游扶贫类民族地域特色产业示范项目共投入7.66亿元,辐射带动6个县53个贫困村6 565户2.5万人受益,扶贫效果显著。西藏自治区旅游产业帮扶3.2万贫困人口脱贫,乡村旅游收入达12亿元。政府对于旅游基础设施的投资和营建也在稳步推进。2018年,青海9条公路建成通车,新增里程近1 100千米。西藏自治区推动"四好农村路"建设,全年投资372.9亿元,新改建农村公路1.3万千米,158个边境小康村连通硬化公路。

3. 青藏高原生态环境发展现状

青藏高原地貌以高原为主,海拔多在3 000米以上,属于青藏高寒气候,年均降水量大多在400毫米以下,受地势结构和大气环流特点的制约,自东南向西北水热条件呈现由暖湿向寒旱过渡的特征。区域内土壤以高山草甸土、高山草原土和高山漠土为主。植被属高寒荒漠区、高寒草甸和草原区类型,且自东向西呈现森林—草甸—草原—荒漠的地带性变化。

青藏高原是世界上山地冰川发育程度最高的地区和河流发育最多的地区,是长江、黄河、澜沧江、雅鲁藏布江等大江大河的发源地,是我国"两屏三带"生态安全战略格局的重要组成部分。青藏高原独特的生态屏障作用表现在对我国乃至东亚的水源涵养与水文调节,降低沙尘对周边地区的危害程度。青藏高原同时也为高原特有生物种群提供栖息地,是珍稀野生动物的天然栖息地和高原物种基因库。

受全球气候变化和人类活动共同影响,青藏高原地区面临冰川消融、草地退化、土地沙化、生物多样性受损等生态问题,高原生态系统不稳定。主要表现在:气候变化加速冰川消融退缩、贮量减少,过去50年青藏高原及其相邻地区的冰川面积由5.3万平方千米缩减至4.5万平方千米;本区超过70%的草原存在不同程度的退化问题,西藏和青海高寒草甸因退化而形成的裸露化的黑土滩面积达11万平方千米,草原鼠害严重;在强盛风力和气候干旱共同作用下,土地沙化加剧:2018年西藏和青海沙化土地面积合计34.12万平方千米,占全国沙化土地面积的19.78%;区内水土流失面积约25.9万平方千米,历史遗留矿山损毁土地面积约1 000平方千米。水电、交通工程等建设活动影响动物迁徙通道,使自然栖息地遭受破坏,原生植被群落的优势种逐渐减少,高原特有生物多样性面临严重威胁。国家高度重视青藏高原生态环境的保护工作,近年来国务院先后颁布并实施了《青藏高原区域生态建设与环境保护规划(2011—2030年)》《全国生态保护与建设规划(2013—2020年)》,立足国家战略高度对青藏高原环境功能区划的空间管理框架和生态环境保护的长效机制进行构建。2018年国务院新闻办发表《青藏高原生态文明建设状况》白皮书,从生态文明制度、生态保育成效、生态环境质量、绿色产业发展、高原科技体系与生态文化建设等六方面系统归纳了青藏高原生态文明建设的目的、意义、成就和挑战,将青藏高原生态文明建设作为"建设美丽中国"的重要内容。青海省和西藏自治区也结合自身具体情况,相继发布《青海省土地利用总体规划(2006—2020年)》《西藏自治区土地利用总体规划(2006—2020年)》,明确青藏高原内部土地利用的具体开发类型,对青藏高原国民经济各项产业的发展具有重要的指导作用。

青藏高原自身的资源禀赋决定了其发展必须依托旅游业,而相对落后的经济条件和脆弱的生态环境,决定了青藏高原在发展旅游业的过程中必须依据现有的生态环境承载力严格控制旅游业发展的规模,以此来保证地区经济的可持续发展。

4. 青藏高原旅游业发展对生态环境的影响

(1)正面影响:

旅游业发展会为生态环境保护提供资金支持。青藏高原经济发展与我国中东部地区相比相对落后,落后的经济发展现状导致这些地区很难拿出足够的资金去开展生态环境专项保护。青藏高原旅游业发展的核心吸引物就是"高原净土"以及高原所独有的自然和人文景观。因此,在青藏高原发展旅游业,对景区周遭生态环境的依赖程度要大大高于我国其他地区。开发商在进行旅游项目的前期价值评估、规划和开发时,需要下大力气对旅游目的地周边环境进行整治、美化,以此来提升景区的旅游吸引力,为运营者创造更大的经济价值。

旅游业发展会为生态环境保护创造持久动力。青藏高原生态环境脆弱,人类活动规模及强度的变化极易对旅游景观造成不可逆的破坏。因而,当地旅游景区要想实现永续发展,除了景区开发初期对周边生态环境的集中整治外,还必须对旅游地生态环境进行持久投入。包括合理布局景区发展空间、有计划地建设景区污水和废弃物基础处理系统、为保障游客旅游体验而相应调整旅游接待规模人数等。比起"搞运动式"的政府环保行为,这种由旅游企业自发的局地环境治理行为规划更为周密合理,为旅游目的地的生态环境保护创造了持久的内生动力。

旅游业发展会提升本地居民的环境保护意识。青藏高原位于我国西部地区,经济发展水平低,较为封闭的地理空间使得当地群众的收入水平、生产观念和意识形态均处于相对滞后的状态。旅游业发展使得原本较为封闭的聚落空间被外来旅游者打破,本土居民开始接触高原以外的意识观念。旅游者的涌入,旅游收入的提高,极大拓宽了当地居民增产增收的渠道,增加了就业岗位。普通民众开始认识到司空见惯的蓝天、碧水、草原就是发展旅游的前提和基础。在经济效益的激励下,本地居民的环境保护意识也不断得到提高,人们开始主动改变原有不合理的居住习惯和思想观念,例如停止无序地捕猎和伐木,将保护森林草场等作为其维持更大收益来源的必要手段。

(2)负面影响:

旅游业发展会加剧旅游地生态环境压力。青藏高原的人口密度极低,大部分地区的人口密度低于每平方千米25人,甚至部分地区的人口密度每平方千米不足1人。旅游业的迅速发展必然会加剧人类活动的深度和广度,能源供需压力也随之加大。由于气候条件的限制,青藏高原适宜旅游的时间仅为每年的5—9月,短期内游客数量的暴增愈发加剧了高原地区的生态环境压力。例如在旅游高峰期,游客的大量涌入首先会造成交通拥堵,交通工具的废气排放会增加 $PM_{2.5}$ 浓度和 CO_2 排放量,进而污染大气。为了给游客提供留宿空间,大量的林草地被开发成了酒店,景观破碎化程度不断增加,水土流失、土地退化等生态环境问题不断涌现。大量游客入住酒店后会对当地水资源的供给造成不小的压力,高原冻土对于污染物的降解能力差,因旅游住宿而产生的污水和固体废弃物会给旅游地的清运和处理带来较大压力。此外,为了更好地为旅游者提供短期服务,旅游核心区外的周边居民前来务工,大量聚集,进一步加剧了旅游业发展带来的生态环境压力。

旅游业发展会威胁旅游地生态系统稳定。青藏高原旅游业的管理水平相对落后,旅游开发仍旧以粗放式开发为主导,缺乏面向高原整体的统一资源规划调配。为了迎合旅游业发展的需要,人类需要不断向生态环境索取各种资源能量。然而,若人类对资源的索取超出了生态所能承受的阈值范围,便必然导致旅游地生态环境恶化,威胁生态环境稳定。例如一些旅游开发商为了追求景观效果,对原有植被进行任意砍伐和破坏,未经考证就随意移栽外来物种,严重威胁当地原始生境;人类活动范围的无序扩张必然会挤占野生动物的活动空间,改变原有栖息地环境;因旅游业而产生的噪声污染等还会影响野生动物的正常繁衍,造成生物链断裂,威胁地区生态系统平衡。

5. 对于青藏高原生态旅游业发展的建议

(1)树立复合系统发展观念,促成高原旅游经济与生态环境协调有序发展。

首先,因当前青藏高原旅游经济整体滞后于生态环境,促进旅游经济发展成为现阶段实现系统发展的第一要务。发展旅游经济对策如下:

第一,促进青藏高原旅游产业结构与发展方式优化升级。青藏高原旅游产业结构总体较为单一,发展方式还是以消费自然生态环境景观和现存主要宗教建筑、名胜古迹为主,对传统行业、消费性服务的需求占主导,对政府财政供给的依赖度高,高原旅游业大多忽视对旅游质量的提升而片面追求增加游客的输入量来提升旅游经济效益。技术创新是优化旅游产业结构演化的核心动力,旅游产业政策是旅游产业结构演化的重要保障,产业融合是旅游产业结构高级化的实现方式。未来青藏高原旅游业发展应当充分落实中央第六次西藏工作座谈会精神,突出抓好特色产业、基础设施、生态环保三项重点工作,着力发展特色农牧业及其加工业,完善旅游服务业,盘活商贸流通业,提升技术创新水平,丰富青藏高原旅游产业内在结构,优化旅游产业发展方式,积极促进旅游业与电子商务产业、净土健康产业、藏医药产业、天然饮用水产业、民族手工业、综合新能源产业和文化产业等高原特色产业的深度融合,发展区域生态旅游。

第二,加强青藏高原旅游宣传力度,树立地区旅游品牌。近年来,青藏高原各地区利用多种渠道积极开展对高原旅游的宣传和推介。2018年青海主打"大美青海"旅游品牌,利用中央电视台等官方媒介播出"大美青海·旅游净地"系列广告,积极推介青海独特的旅游景观和以牦牛肉为代表的旅游产品;2019年12月,以"感知中国·大美青海"主题的中国青海民族文化艺术展演在古巴首都哈瓦那举行,对青海旅游国际知名度的提升起到了积极的促进作用。西藏积极打造旅游文化开发合作交流的综合性高端国际平台,2014年拉萨举办首届中国西藏旅游文化国际博览会;2016年第三届藏博会茶马古道旅游推介会暨"最西藏"线路发布会召开,成功推出5条精品自驾游线路。此外,西藏还联合中国大香格里拉旅游推广联盟,优化整合藏川滇三地旅游宣传营销资源,增强了大香格里拉旅游区的国际竞争力。

对青藏高原旅游经济效益和市场规模进行分析,可以发现青藏高原绝大部分地区海外旅游者数量占旅游总人数的比重不足1%。在对青藏高原旅游业的发展中,应加强对国外的宣传力度,各地应从国内外典型案例中汲取成功经验,牢固树立品牌意识,打造一批高原旅游优势品牌。

第三,提升对青藏高原旅游经济的帮扶和管控力度,完善基础设施。旅游经济对地方经济具有较强的带动作用,1985—2015年,旅游消费每增加1元,带动GDP增加30.12元。青藏高原应提升对旅游经济的帮扶力度,面向东部地区招商引资,吸引文创企业入驻,打造优质旅游服务和旅游产品。还应进一步加强对旅游经济的管控力度,面向市场不断细化旅游企业的行业标准,出台旅游者行为管控细则,严格惩处违规企业和个人,为旅游经济不断发展提供行政保障。另外,还应不断完善青藏高原旅游基础设施建设,在不破坏生态环境、合理利用国家援藏资金、加大旅游业投入和政策倾斜、配合出台相应的地方性政策的前提下,开展旅游点间的道路建设与重要旅游景点附近的餐饮、住宿、休闲、娱乐设施建设,促进地域间旅游经济均衡发展,满足日益增长的游客需求。

其次,对生态环境的保护始终是实现青藏高原可持续发展的核心要务。保护生态环境的对策如下:

第一,加大生态环境保护投入,拓宽资金来源渠道。青藏高原生态环境薄弱,景观类型多样,破碎度高,治理难度大。党和国家高度重视对青藏高原生态环境的保护工作,2018年青海省投入中央和省级财政专项资金13.9亿元用于水污染、大气污染、土壤污染等防治工作,以及开展农牧区环境综合整治,加强环境监管和相关职能部门运营。同年,西藏自治区落实西藏生态安全屏障保护与建设资金11.33亿元,组织实施生态保护、生态建设、支撑保障等三大类10项重点工程；落实长江经济带生态保护修复奖励资金2亿元，统筹用于城镇污水处理能力建设；落实资金1.01亿元，开展昌都"三江"流域和阿里扎日南木错水污染防治；投资14.48亿元，新(续)建40个县(区)和14个乡镇污水处理及配套管网项目、部分城镇生活垃圾无害化处理设施。青藏高原生态环境保护具有长期性、系统性和复杂性等特点，未来生态环境保护投入还应不断拓宽资金来源渠道，发动企业和个人为构筑青藏高原污染防治工作贡献力量。

第二，定期开展公众环保教育活动，树立良好风尚。除了采用电视、刊物、课本等传统传播媒介宣传生态环境保护的相关理念和具体做法外，还应利用"抖音""腾讯微视"等受众广泛的APP拓宽环保教育的渠道，增加公众对于生态环境的关注度和对环保知识的掌握程度。号召高原居民和外来旅游者节水节电、采用绿色出行方式，对表现突出的单位和个人适当进行物质奖励和精神表彰，树立良好社会风尚。

第三，构筑完备的污染物收集处理体系，严防污染打散。青藏高原冰川冻土广布，土地对于污染物的降解能力弱，平均4 000米以上的海拔导致高原区内空气稀薄，大气环境对于污染的容纳和稀释能力较差。与我国中东部地区相比，青藏高原在污染物收集处理方面难度更大、范围更广、问题更多。以拉萨市为例，拉萨市区各类垃圾存在严重的乱堆乱放现象，煤渣、建筑与生活垃圾等被随意堆放在"堆龙德庆区乃琼镇弃渣场"，该地区生态环境敏感，土地渗透能力强，垃圾的胡乱堆放会对当地土壤、地下水和拉萨河产生重大安全隐患。

值得注意的是，近年来兴起的青藏高原自驾游对高原污染物的收集处理提出了巨大挑战。旅游活动产生的大量污染物如不能及时处理，会对高原生态环境产生极大威胁。因此，应当尽快构筑完备的污染物收集处理体系，设立专有部门对高原污染物的收集处理负责。在有条件的地区实行垃圾分类，减少垃圾填埋转运体量，对现有资源进行最大限度的利用。

(2)关注旅游经济与生态环境间的交互响应机制，及时调整发展规模。

通过对旅游经济与生态环境进行交互胁迫研究，青藏高原旅游经济与生态环境存在较为显著的交互响应机制，旅游经济会随着生态环境的变化不断作出调整。当旅游经济以较快的发展速度发展到一定阶段的时候，生态会迎来下行拐点，生态环境趋于恶化。这时旅游经济会出于维持自身可持续发展的需要放慢发展速度，调整发展规模，加大生态环境投入，减轻因其增速过快对生态环境本底造成的威胁。当旅游经济规模调整至一定水平时，生态环境又会呈现不断向好的发展态势。但青藏高原生态环境十分脆弱，加之旅游经济对生态环境的交互响应具有一定的滞后性，生态环境的破坏往往是不可逆转的。因此密切关注青藏高原旅游经济与生态环境间的交互响应机制，及时对旅游经济发展水平进行相应调整，成为当前旅游业发展的当务之急。

现阶段，青藏高原生态环境系统指数随着旅游经济发展水平呈现出四类变化状态，分别是不断提升（海北、海南、黄南、果洛、山南、阿里）、不断下降（海东、玉树、昌都、日喀则、那曲）、先降后升（海西、拉萨）、先升后降（西宁、林芝）。"不断提升"意味着生态环境尚未因旅游经济的发展出现严重的退化，因此这些城市应将注意点放在延缓下行拐点的到来上，在加快经济发展速度的同时关注生态环境保护；"不断下降"意味着生态环境随着旅游经济的发展不断恶化，应当着手控制相应城市旅游经济的增长速率，加大对生态环境保护的投入力度；"先降后升"意味着旅游经济增长到一定阶段的时候，生态环境会由不断恶化转而向好，这些城市应对其中的有益经验进行总结，防止生态环境再度出现下行趋势；"先升后降"意味着随着旅游经济的不断发展，生态环境已不堪重负，这时的旅游经济已发展到一定阶段，应尽快对旅游相关产业进行调整，使之出现新的拐点。

（3）基于旅游生态环境压力现状，系统开展青藏高原旅游业总体空间规划布局。

2000—2018年，青藏高原旅游活动已对生态环境造成较大压力，且呈不断增长的发展态势。2018年，虽然青藏高原大部分地区旅游生态环境压力处于极不安全状态，但不能因此而停止青藏高原旅游业的发展。这就需要结合笔者现有研究成果，系统开展对青藏高原旅游业发展的总体空间规划布局，将青藏高原全境划分为旅游业增量发展区、提质发展区和限制发展区，并依据不同的发展区域的具体情况，制定相应的发展策略。如在增量发展区和提质发展区发挥区域"拉力"，在限制发展区发挥区域"推力",通过推拉理论,将生态环境压力较大地区的客流有效分流至增量发展区和提质发展区。在保护生态安全的前提下,满足旅游业发展的客观需要。

海北、山南旅游业应实行增量发展策略。鼓励全域旅游,扩大旅游经济体量。海北、山南A级旅游景区相对集中,旅游资源较为丰富,具备发展全域旅游的先决条件。发展全域旅游就是要在旅游资源富集地区,以旅游业为引擎,在空间和产业层面高效配置生产要素,统筹产业优化布局,聚集多元业态,推动融合发展。全力推进"旅游+",支持旅游业与农业、工业及第三产业等相关产业的融合发展,拓展旅游产业链纵深,将"吃、住、行、游、购、娱"六要素均发展为当地旅游的核心吸引物,进而在旅游经济系统内部相互联结、相互促进、共同发展。在旅游业增量发展区内应大力发展生态休闲度假、农耕体验、乡村手工艺等田园综合体,打造休闲农业观光园区和乡村旅游点;依托工业园区,开发集娱乐、科普于一体的工业旅游产品;推动特色盐产品、昆仑玉、枸杞、藜麦等旅游商品和特色产品的加工制造及销售,开发食用盐、矿泉水、牛羊肉等绿色产品,提升旅游业综合效益;谋划开展文化旅游创意产品展示销售、景区旅游项目推介等活动,积极开展旅游演艺节目。

鼓励全季旅游产品开发,延长旅游业运营时间。青藏高原旅游活动主要集中在夏秋季节,冬春季节是高原旅游的淡季。欲实现旅游增量发展,在横向拓展旅游多元业态协同发展的同时,还需在纵向上延长旅游产业的运营时间。鼓励全季旅游产品的开发,就是要扭转青藏高原旅游业当前面临的"淡季过淡、旺季过旺"的现状,实现"四季旅游均衡发展"。当前海北、果洛、山南全季旅游尚处于阶段性探索阶段,例如,2019年冬季,山南推出冬季自然景观类景点门票全免政策;海北2019年冬季承办青海省第五届冰雪休闲健身大会,利用海晏西海湿地发展冰雪旅游,推出雪上龙舟、冰上自行车、雪地香蕉船、冰上拔河、雪地碰碰球、雪地捧跤等系列冰雪旅游休闲娱乐产品。未来青藏高原全季旅游还应结合区域文化背景,转变固有思维方式,扎实作好全季旅游发展规划,开发更具代表性的青藏高原全季旅游特色产品。

西宁、拉萨、日喀则、海南、黄南、海西、林芝旅游业应实行提质发展策略。鼓励旅游景区优化升级,提升旅游资源品位。西宁、拉萨、日喀则、海南、黄南、海西、阿里、林芝当前旅游经济发展指数较高,旅游业发展的产业基础普遍较好。这些区域汇集了青藏高原内六成 A 级旅游景区,包括布达拉宫、大昭寺、珠穆朗玛国家公园等,但5A级景区仅有6处,分别为西宁塔尔寺景区、拉萨布达拉宫、大昭寺、日喀则扎什伦布寺、海南青海湖风景名胜区、林芝巴松措景区。青藏高原上述地市州应继续实现旅游景区的优化升级,提升旅游资源品位。

实现景区优化升级,首先应实施品牌化战略,形成覆盖 A 级旅游景区动态管理机制,加快3A级以上景区和国家旅游度假区创建,培育一批世界旅游品牌;积极鼓励有客源市场需求和地方特色的宗教风貌、工业工矿等申报 A 级旅游景区;鼓励自然保护区、森林公园在实验区发展生态休闲度假,优化旅游资源整体风貌。

大力发展智慧旅游,降低旅游业运营管理成本。青藏高原经济社会发展与中东部地区存在较大差距,旅游业的发展单靠投资推动和政策倾斜很难在国内居于优势地位。西宁、拉萨等地现阶段旅游经济发展水平较高,应在有条件的地区利用"互联网云服务技术"分批次发展智慧旅游,提升旅游者在青藏高原旅游的便利水平,降低旅游业运营管理成本。目前,在青藏高原旅游业提质发展区内,西宁旅游局在2017年投资近300万元启动智慧旅游大数据平台建设,使西宁智慧旅游建设走在青藏高原前列。2019年"乐享西宁"智慧旅游平台正式上线,西宁智慧旅游建设已初见成效。[①]

大力发展智慧旅游,应夯实智慧旅游发展信息化基础,建立完善的旅游信息基础数据平台,加快建设和完善旅游在线服务、网络营销、智慧票务、电子门禁等系统,规范旅游引导标识系统,建立最大门票预约制度,构建"旅游资讯一览无余、旅游交易一键敲定、旅游管理一屏监控"的全域智慧旅游体系,提高旅游信息化水平,实现5G网络、无线 Wi-Fi 全覆盖。

实行限制发展策略,根据景区承载力限制旅游者数量。海东市、果洛藏族自治州、玉树藏族自治州、昌都市、阿里地区、那曲市地表覆被大多以高山草原、高山荒漠和裸地为主,旅游承载力水平低,应重点开展对上述区域旅游业发展的限制工作。旅游业主要通过旅游活动对生态环境

---

①马桂芳. 文旅融合助推海西全域旅游高质量发展[J]. 柴达木开发研究,2020(1):4-11.

施加压力,除小部分自驾观光者外,景区游览是青藏高原旅游者旅游活动的主要开展方式。因此应从限制部分景区旅游者数量入手,对海东、玉树等地市州旅游规模进行限制。

限制景区旅游者数量首先需对旅游景区进行旅游承载力水平的核算,明确景区游客最大承载力。依据国家旅游局2015年颁布的《景区最大承载量核定导则》,景区需要核算游客最大承载量,并制订相关游客流量控制预案。当游客人数达到景区最大承载量的80%时,应向社会公告并向当地政府报告,启动应急预案;当景区达到最大游客承载量时,要立即停止售票,并发布告示。主要景点还应设置电子显示屏,显示旅游者的密集分布情况,供旅游者合理选择景点;可采用门禁票务系统、景点实时监控系统等技术手段,逐步推进旅游者流量监测常态化;针对节假日及大型活动制订相应的旅游者流量控制预案,假日期间,客流一旦超过最佳日接待量,到达高峰值就要分流,分期分批进入景区。

根据文化保护级别限制景区发展规模。大众旅游的发展在局部地区会造成对遗产资源的商业化利用,从而使资产资源面临退化和枯竭的危险,科学、合理的旅游发展在更大层面上将会有利于文化遗产的保护。在青藏高原旅游业限制发展区内仍分布有包括古格王国遗址、西藏盐井千年古盐田、盐井天主教堂等诸多极具考古价值和历史文化研究价值的旅游景观。在协调文化遗产保护与旅游发展关系的过程中,应该充分发挥我国文化遗产和自然景观的优势,把科学、经济与艺术有机地结合起来。本着"保护为主,抢救第一,合理利用,加强管理"的原则,限制景区开发程度与人员进入数量,在政府主管部门的有力监督下,处理好文化遗产保护与旅游发展的关系,为二者和谐共赢找到一条最优路径。

第五章 青海高原生态与经济系统协调发展中
面临的主要问题及原因

本章以青南地区为例详细介绍青海高原生态与经济系统协调发展中面临的主要问题及原因。

青南地区生态与经济发展处于弱协调阶段,属于生态滞后类型。生态和经济方面均存在诸多问题,影响着二者的协调发展。生态与经济协调发展水平低下就难以实现可持续发展目标。青南地区的生态环境脆弱县大多比较贫困,所以只有搞好青南地区的生态建设才能改变经济发展落后的局面,只有实现经济质量的提高才能促进当地生态环境的良性发展,二者之间需要实现均衡与协调。

第一节 青海高原生态与经济系统协调发展中
面临的问题

一、生态容量小、压力大、治理困难

青南地区生态脆弱,生态容量小,生态压力大。生态容量层中,玉树藏族自治州、果洛藏族自治州和黄南藏族自治州都存在农作物耕种面积较小的情况,同时,果洛藏族自治州还存在人均可利用草地面积较小的问题。生态压力层中,玉树藏族自治州和黄南藏族自治州都存在年末牲畜存栏数量较大的问题。这都与青南地区生态脆弱有关。[①]

同时,青南地区的生态治理非常困难。自从实施三江源生态保护重点工程以来,青南地区的环境治理有一定成效。但治理也是困难重重,比如农牧项目这一方面,毒杂草防治、虫害防治和鼠害防治等方面的危害很难彻底消除。果洛藏族自治州达日县的黑土滩面积大、治理难的状

---

① 赵红花. 青海林业在高原生态文明建设中的作用探析[J]. 现代农业科技,2019(9):135-140.

况依然很严峻,玛多县的沙化问题也没有彻底解决。对于黑土滩的治理,25度以上的坡地无法治理,国家层面尚且没有这方面的成熟技术,目前只能治理平地和25度以下坡度的黑土滩。但是因为退耕还林、退牧还草、黑土滩治理等一系列生态保护政策是全国统一的,缺乏针对性,其效果和效益并不是非常显著。我们在调研中了解到:国家或青海省省级层面每年所下达的治理任务量太小,青南地区虽然每年都能基本完成任务,但是生态建设进度跟不上草场退化的速度。

二、经济发展水平落后,经济活力不足

青南地区经济发展水平落后主要表现为:地区生产总值低下,地方公共财政预算收入较低,社会固定资产投资总额不高。这三项指标都没有拉动青南地区经济发展水平。青南地区经济活力不足主要表现为:GDP增长缓慢,社会消费品零售额增长率较低。虽然经济水平层的全社会固定资产投资总额指标和经济活力层的科技项目投入占GDP比重指标对经济系统贡献较大,但是青南地区的这两项投资指标主要靠政府财政拨款,因此,其自身经济活力依然不足。

三、经济结构不合理

从单个经济结构发展现状来看,果洛藏族自治州和黄南藏族自治州的第三产业产值超过第二产业,玉树藏族自治州依然以第一产业为主导产业。但是从青南地区经济子系统综合评价中的权重值可以看出,经济结构分类层中,玉树藏族自治州和果洛藏族自治州的第二产业产值占GDP的比重对经济发展的贡献较大。黄南藏族自治州第二产业产值占GDP比重的权重值虽然没有超过其经济系统权重值的平均值,但也接近其平均值。这说明在青南地区的产业结构中,第二产业对经济贡献突出,也反映出青南地区产业结构不合理。值得注意的是,以工业为主的第二产业发展会对原本脆弱的生态造成更大压力。

四、农牧民生活质量依然低下

青南地区农牧民生活质量低下的问题主要表现为:第一,城镇化水平低下,玉树藏族自治州、果洛藏族自治州、黄南藏族自治州的城镇化率远低于青海省平均水平;第二,农牧民收入与消费水平都非常低,城镇居民

与农牧民人均可支配收入分配不均衡现象突出;第三,当地居民受教育水平滞后,师资力量薄弱,医疗卫生水平较差;第四,青南地区恩格尔系数较高。

恩格尔系数最能反映人民生活状态,它指的是一个家庭或个人食品支出总额与所有生活消费支出总额之间的比重。恩格尔定律具有普适性,能够反映出"越是贫穷的家庭,其生活消费支出中购买食品的比重就越大"。例如,1978年,我国城镇居民的恩格尔系数为57.5%,农村居民的恩格尔系数为67.7%,2017年分别下降为28.6%和31.2%。这表明在改革开放以后,我国居民生活水平日益改善。青海省2017年恩格尔系数为28.7%,青南地区以黄南州为例,其恩格尔系数高出青海省和全国平均水平,达到32.2%。

五、环境保护管理难度大

前期遗留的历史生态难题并未完全解决,冰川退缩、水位下降、湖泊萎缩、湿地退化造成三江源地区水资源危机;草场退化、土地沙化造成可供放牧的草原资源减少,牧民为了维持生活,便会增加放牧压力;牧区传统的生产生活方式与草原生态保护有着一定的冲突,生态移民项目虽然取得一定效果,但是每到虫草等野生植物药材开挖季节,牧民们会纷纷返还家乡,他们传统的经济生产行为将继续破坏草场;青南地区为了在保护生态的同时解决部分牧民的就业问题,专门开发设置了林管员、草管员等公益性岗位,但是由于划分的保护区地域面积较大,牧民与牧场分散,导致管护的难度很大;矿业开采、挖药等资源型产业给青南地区生态保护也带来一定的威胁。

六、生态畜牧业经济发展缓慢

从2008年开始,青南地区就已经开始认真落实推进全国草地生态畜牧业试验区建设,坚持生态保护第一理念和地方主导先行先试的原则,以转变生产经营方式为重点,为了实现农牧业增效和农牧民增收的目标,以成立"合作社"的形式开展了生态畜牧业建设。

即便如此,青南地区在推进生态畜牧业建设工作中仍存在各方面困难:实际工作中缺乏经营、财务管理人才;投入不足、产业融合发展后劲不强;基础设施不完善,防御自然灾害能力不强;转产转岗分流人员技能培训不足,就业渠道狭窄;生产装备差、机械化程度低、科技推广装备"落伍"等问题,造成生态畜牧业规模化经营总量小,标准化专业生产能力低、草原生态保护任务艰巨,产品加工及深度开发能力弱、"线上线下"营销不畅通、利益联结不紧密。目前形势下,青南地区生态畜牧业经济虽然取得了一定成效,但发展相对缓慢,在后期发展中还需进一步实现通过生态协调促进经济发展。

七、民营企业经营压力大

改革开放以来,受国家一系列政策影响,民营企业发展迅速,在对GDP的贡献率以及吸纳劳动者就业方面效果显著,日益成为促进我国经济发展的主要力量,我国经济进入新常态时期,民营经济的发展发挥了重要作用。

青南地区在西部大开发战略实施以来,虽然越来越多的藏族群众开始创办企业,但是从企业数量、注册资金总额以及行业覆盖率等指标来看,藏族群众的市场参与程度都非常低。同时,资金短缺、融资困难是当地民营企业面临的普遍性问题。政府资金的支持重点大部分集中在国有经济,对民营企业的扶持力度非常小,大部分地方民营企业主只能依靠自身的亲缘关系筹集资金,由此可见当地的民营企业融资非常困难。除此之外,行业过于集中(主要集中在农业、林业、牧业、渔业、制造业、批发和零售业),可持续发展空间狭窄,企业主市场开拓能力不足。青南地区民营企业经营压力大,在很大程度上制约着经济系统的整体发展。

八、生态保护与经济发展矛盾突出

人民生活水平的提高、国家综合实力的增强、国际竞争力的提升、社会主义现代化的建设,都离不开经济的发展,经济发展对一个国家和地区的重要性不言而喻。改革开放以来,青南地区的经济发展水平与全国其他地区的差距日益拉大。由于对生态与经济协调发展认识不到位,为了尽快脱离贫困面貌,在经济利益的驱动下,青南地区的生态与经济可持续发展矛盾突出。

第一,青南地区生态脆弱,而地区人口、牲畜快速增加,受草场承包制影响和经济利益驱动,对草地生态系统的压力持续增加,草畜矛盾突出,草场超载,产草量下降,草场退化。第二,人类经济活动的广度和强度大幅度提高,采金、挖虫草、采药等活动,对青南地区的生态环境特别是草原生态系统的破坏很大。第三,由于曾经一段时间内持续、大规模的狩猎和偷猎行为造成鼠类天敌数量大幅下降,鼠害猖獗,生物多样性遭到破坏,进一步加剧了草场退化、沙化和生态环境的恶化。第四,在以上因素的综合影响下,形成了生态环境恶化加快的强大惯性,非科学性、非合理性的追逐经济增长给青南地区生态系统带来沉重负担。第五,环境的持续恶化又反作用于经济系统,全球气温变暖效应对青南地区的脆弱生态环境产生了深刻、持续的影响,冰川退缩、融雪量加大,湖泊湿地萎缩,冻土退化,荒漠化加剧,诸多环境问题又制约着当地人民的经济行为。从以上五个方面可以看出,青南地区的生态保护与经济发展矛盾突出,很难实现均衡协调发展。

第二节 青海高原生态与经济系统协调发展制约因素分析

由于对青南地区生态环境的特殊性和生态保护的艰巨性缺乏深入了解,可持续发展的理念并不明晰,从而造成了只注重经济发展速度和效益而忽视生态环境保护的行为,环保与生产的脱节导致生态系统的进一步退化。脆弱的草原生态系统遭到破坏以后很难恢复,生态畜牧业经济就难以有效发展。青南地区远离经济中心,青南地区人民缺乏经济发展机会,长期以落后低下的传统经营方式从事各项经济活动,其经济行为表现出短期性甚至不合理的特征。青南地区生态建设与经济发展的不协调因素主要表现在生态环境、经济发展和社会发展等方面。[1]

一、生态环境因素

(一)生态基础脆弱

青南地区处于我国民族地区生态环境脆弱带上,是长江、黄河、澜沧江的发源地,低温高寒,同时又是降雨量少且降雨不稳定地区。从中科院可持续发展研究组发表的中国可持续发展战略报告中我们可以看出,

[1]余永庆.青海高原特色现代生态农牧业发展对策思考[J].农村经济与科技,2018(17):192-194.

在我国8个民族省区,除了广西的生态环境脆弱度为负外,其他7个省区的生态环境的脆弱度都比较高。其中,青海省的脆弱度最高,说明青海生态环境脆弱、抗干扰能力和稳定性都很弱,一旦遭到破坏,恢复为原来状态的机会非常小。近些年来,青海省南部藏族地区冰川退缩、冻土退化、草场退化和土地沙化等一系列生态退化问题尚未得到根本解决,直接影响到三江源水源涵养功能的发挥,导致人均水能理论蕴藏量较低,农作物耕种面积稀少,导致青南地区生态容量较低。青南地区生态脆弱,但是牲畜存栏数量较大,加大了生态系统的承载压力。

(二)生存条件恶劣

青南地区属于高寒区,远离国家政治核心区,同时也远离经济发展核心区,地理区位上具有边缘性,自然环境非常不宜进行生活和生产活动。同时,这一地区又是棘球蚴病、乙肝、结核病等地方病和传染病的多发区。人口的人力资本水平始终在一个较低的状态,极大地阻碍着青南地区的经济发展,也是导致当地居民生活水平低下的重要原因。

气候、地形、地貌和地理位置等多重因素,严重加大了青南地区的经济发展成本。陆地上的海拔高度每增加100米,区域开发成本即基础设施建设的成本将增加3.2%~3.4%。从中科院对民族地区地表起伏度的测算结果可以看出,青海省的地表起伏度全国排名第三,无疑处于青藏高原腹地的青海南部地区拉高了这一海拔高度。海拔高使其侵蚀加大,同时减弱了生态平衡度,生态脆弱危险系数加大。青南地区频发的生态灾害加大了基础设施的开发成本、建设成本以及维护成本,同时也很难吸引外部资本的进入,这也就导致了青南地区经济发展缓慢,经济水平低下。

(三)地理位置偏远

青南地区地理位置偏远,在一定程度上加大了经济发展难度。首先,由于地理位置偏远,人口居住分散,同时又远离中心城市,远离商品集散地,无法形成聚集效益,难以发展规模产业。其次,地理位置偏远造成交通和信息的闭塞,严重限制了文化和技术的传播,加大了农牧产品的生产要素成本和销售成本。再次,高原山地环境给其运输业带来的不便是非常明显的,边际运输成本随着距离的增加而增加。因此,高寒山地的生态特征,严重限制了城镇的发展规模和数量,虽然青南地区小城镇的建设规模逐年递增,但这些小城镇基本都是属于纯消费型的,不具备提供现代经济生产要素的能力。除此之外,由于地理位置偏远,生存条件恶劣,青南地区长期难以集聚科研机构和知识型人才,传统的生产方式很难改变。以上种种客观原因导致青南地区农牧民生活质量依然低下,社会经济发展水平低下,民营企业经济发展缓慢,活力不足,在经济子系统中贡献较小。

二、经济发展因素

(一)经济基础薄弱

青南地区产业结构单一,经济总量低下,经济基础薄弱,地方公共财政预算收入非常低,全社会消费水平不足等原因导致其经济发展水平低下。因此,青南地区人民在获取资产、基本公共服务和进入市场的机会方面具有非常大的挑战性,再加上险恶的自然条件大大增加了当地经济发展的各项成本。

青南地区的经济发展与全国平均水平和沿海地区有着显著的差距。其生产驱动力主要取决于低成本的劳动力、初级生产资料等要素。从中科院对我国民族地区经济发展综合水平的测算可以看出,青海和西藏的各项经济指标都比较低,西藏甚至处于全国最低水平。青南高原在地理位置上接近西藏,甚至在生态环境和经济指标方面都与西藏相似,由于经济发展历史基础差,技术水平和劳动力素质低,劳动生产率和经营管理水平低,再加上受传统体制束缚因素的影响,民营经济发展水平滞后。青南地区的经济增长曾经主要依靠高投资、高污染、高耗能的模式来支撑,从而表现为低效益、低质量的粗放式增长方式,造成当地生态退化情况比较严重,同时影响到青南地区中长期的经济发展。

(二)经济行为不合理

青南地区第二产业发展对其经济系统的贡献较大,第二产业又以工业发展为主,工业生产方式简单粗犷,缺少精加工企业,生态脆弱区的工业发展会加重生态负担。同时,第三产业发展不成熟,缺乏发展动力。玉树藏族自治州依然以第一产业作为主导产业,一方面,牲畜数量过多加重其生态压力;另一方面,传统的放牧行为对源头河流造成严重污染,增加饮用水净化成本和下游群众的医疗成本。

其他不合理的经济行为表现为：过度的挖虫草、采药等行为过快地耗尽了山地植被生长的养分；过度的放牧行为，超载牲畜破坏了草地植被，使土壤失去天然的保护屏障，造成土地退化甚至大面积沙化；在有些山区过度砍伐使树木大量减少，造成林地退化、水土流失等，加速了生态灾害的发生；传统农业耕作方式还没有转变为现代农业经济发展方式，经济收益低下。不合理的经济行为在加重了青南地区生态压力的同时，制约着当地经济的发展。

（三）生态畜牧经济受制因素众多

首先，青南地区社会发育和经济发展相对滞后。自然条件因素对发展畜牧业的刚性约束较大，畜牧业转型缓慢，基础设施建设相对薄弱，抵御自然灾害的能力不足，项目整合力度有待提升，新型经营体培育程度低，畜牧业规模化、高效化、集约化、品牌化发展的后劲不足，发展差距较大。

其次，生态畜牧业发展格局不够。股份制改造仍需完善加强，州、县、乡、村四级狠抓试点创新的合力凝聚不足，资金整合的机制需要创新，乡镇在试点创建中宣传、引导、服务的主体作用发挥欠佳，金融部门扶持政策路径不够明晰，产业化发展后劲不足，基地与企业的利益联结不通畅，农畜产品的研发加工规模、档次、质量与市场需求存在差异。

再次，基层缺少管理型、营销型人才。就玉树藏族自治州而言，农牧民群众中文盲率为17.85%，具有小学文化程度的为40%，具有初中文化程度的为7.2%，具有高中文化程度的为2%，人力资源水平明显偏低。在生态畜牧业试点创建中人才匮乏成为制约发展的主要问题之一，科学管理、产品研发、技术推新、市场营销、效益核算等环节都严重缺乏人才，造成政策解析不透、经营发展方向盲从、利益循环链接不畅的被动局面。

另外，生态畜牧业合作社发展不成熟。专业合作社管理比较松散，运行效率低下，引领带动作用发挥不够。合作社自我发展意识不强，依赖思想重，在资金、技术等方面过多强调支持与给予，还不能完全适应产业发展的需求。从目前来看，青南地区牧业发展基础设施薄弱，组织化程度不高，在建设集约化、规模化的产业带和产业链上还存在较大的差距，当地的畜牧业合作社自我发展、自我提升能力不强，各项制度不尽完善，经验总结、运行模式等方面有待进一步提升。

除此之外,牧户思想认识不高。由于受传统养殖、生活、宗教及语言习惯的影响,整体上对生态畜牧业试验区建设工作还了解得不多、不透,导致合作社发展效益缓慢。牧户中缺少经济带头人,合作社的发展仅靠县局组织运行,一定程度上制约了合作社的健康发展。

青南地区发展生态畜牧经济是最能体现追求生态与经济协调发展理念的思路模式,但是目前生态畜牧经济发展受制因素众多,发展不成熟,不能很快实现生态与经济协调发展的美好愿景。

三、社会发展因素

(一)人口增长压力较大

人口与经济有着十分密切的关系,二者相互作用、相互制约。青南三州以藏族为主的少数民族人口众多,汉族人口占比均未达到10%。近年来,玉树藏族自治州汉族人口比重还不到1%。此外,青南三州的人口增长速度严重超出全国平均水平。人口过快增长,虽然提供了一定的劳动力,但同时又加大了生态压力,加剧了人与自然之间、生态与经济之间协调发展的难度。

玉树藏族自治州、果洛藏族自治州、黄南藏族自治州每年的人口自然增长率都严重超出全国平均水平,尤其是玉树藏族自治州在2008年的人口自然增长率为58.4%,这一数字是令人非常震惊的,近几年其人口增长率有明显的下降趋势;果洛藏族自治州和黄南藏族自治州每年的人口自然增长率都超出全国平均水平的一倍左右。

人口增长压力过大,在给青南地区生态环境承载能力带来巨大压力的同时,加剧了生态治理难度,为当地经济发展也带来严峻挑战,从而制约着青海南部地区生态与经济的协调发展。

(二)受教育水平和观念滞后

青南地区受教育程度普遍低下,果洛藏族自治州的小学升学率在80%左右,不但达不到全国平均水平,而且与青海省平均水平相差甚远;在2016年之前,青南三州的初中升学率普遍非常低,尤其是玉树藏族自治州,初中升学率常年保持在60%。

受农牧思想的影响,加之信息闭塞等原因,当地民众接受教育的积极性普遍不高,甚至有少数干部也有轻教育重农牧的思想,我们在作访谈时,一名干部这样说道:"我们牧区就是以放牧为主,有些家庭劳动力是有限的,那些读书不好的孩子就应该留在家里放牧,勉强让他们去读书,到头来书没读好,家里牛羊没人放,这会影响家庭经济收入。"由此可见,教育水平低下,受教育观念落后的局面不是一朝一夕就能解决的。

青南地区各州的文盲率远远高于全国平均水平,受教育程度在高中和大学以上的人口比率低于全国平均水平。一般情况下,这些受过大学教育的少数高素质人才,在择业倾向上都热衷于考公务员和事业单位等,在他们的观念中,成为国家干部才是真正的就业。青南地区的人口文化水平普遍较低,缺乏优秀人才,更缺乏具有创新精神的企业家,没有企业带头人,就没有民营经济的高效快速发展,从而制约着青海南部地区经济、社会和文化等方面的可持续发展。

(三)缺乏师资和卫生技术人员

青南地区的专业教师、医护人员数量非常少。在访谈中我们了解到,当地人才资源匮乏是一方面原因,生存环境恶劣难以吸引外来人才是另外一方面原因。最重要的一点是缺少编制的问题长期存在,就很难留住人才,部分教师、医护人员选择去青南地区工作只是短暂的就业过渡行为,在他们看来,没有编制的工作不是最好的选择。当出现更好的工作机会时,学校和医疗机构的人才便会流失,这样的局面不利于青南地区人民生活质量的提高,从而一定程度上制约着青南地区生态与经济协调发展。

第六章 青海高原生态与经济系统
投入产出变化分析

第一节 青海高原生态经济系统投入产出分析的
指标体系构建

一、评价方法介绍

(一)主成分分析法

主成分分析,是将原始的具有一定关联性的指标,重组合成互不关联的综合指标以代替原来的指标,即将原来 p 个指标进行线性组合形成综合指标 F_i,就是主成分。

在满足:① $\sum A_{ji}^2 = 1 (j = 1,2,\cdots,p)$

② $\mathrm{Cov}(F_i,F_j) = 0 (i \neq j, j = 1,2,\cdots,p)$

③ $\sum \mathrm{Var} X_j = \sum \mathrm{Var} F$

在上述3个条件的情况下,可得如下主成分模型:

$$F_1 = A_{11} X_1 + A_{21} X_2 + \cdots + A_{p1} X_p$$
$$F_2 = A_{12} X_1 + A_{22} X_2 + \cdots + A_{p2} X_p$$
$$\cdots\cdots$$
$$F_m = A_{1m} X_1 + A_{2m} X_2 + \cdots + A_{pm} X_p$$

其中, $A_{1i}, A_{2i}, \cdots, A_{pi} (i = 1,2,\cdots,m)$ 为 X 协差阵特征值的特征向量, $X_1, X_2, \cdots, X_p$ 是标准化处理后的值。[1]

(二)投入产出模型

投入产出模型能清晰地反映从事一项经济活动的需求与供给之间的关系,使经济系统内部投入与产出的数量依存关系得以确立,并且可以用函数来反映这种数量关系。生态系统对于经济系统发挥着基础性作用,为人类的经济生产活动提供原材料。通过物质的消耗和产出之间的

---

①许宪春,刘起运. 中国投入产出理论与实践[M]. 北京:中国统计出版社,2018.

数量关系,可以建立起整个生态系统的投入产出模型:

$$Y = (I - A)^{-1}X$$

其中,Y是生态系统产出变量,A可看成直接资本消耗系数,X是投入变量,I为单位矩阵。考虑到生态系统的复杂性、生态多样性以及不能被量化的因素的影响,根据最优控制论的思想可以得到一个新的模型:

$$Y=BX+N$$

其中Y为产出变量,X为投入变量,B为消耗系数,N为随机干扰项,确切地说,X是可观测和控制的变量,N是对模型有影响但无法具体的测量的因素的集合。

二、指标选择依据

基于对生态经济承载力的分析,经济对环境的影响存在正作用和负作用两个方面。青海高原区生态经济系统投入产出指标选取分为压力指标和潜力指标两类。压力指标指对青海高原区生态经济系统起抑制、阻碍作用的指标,即加剧青海高原区生态环境脆弱的指标;潜力指标指对青海高原区生态经济系统起促进、推动作用的指标。

青海高原地区的生态经济系统受多方面因素的影响,因此,青海高原区生态经济系统投入产出指标选择在压力指标、潜力指标中包含了自然、经济、社会、环境四大类。

自然指标主要选择反映青海高原区气候状况(如降水量)、资源状况(如地表水资源含量、草地面积、森林面积、森林覆盖率等)、生态状况(如沙化土地面积、累计水土流失治理面积、生态退耕)的指标。

经济指标主要选择青海高原区产地区生产总值、地方财政收入、单位地区生产总值能耗、农业生产价格指数,同时,加入侧面反映加剧当地生态环境恶化的经济指标,主要包括工业污染治理政府补助、工业污染治理完成投资、环境污染治理总投资等。

社会指标主要选择因人口数(如总人口数、人口自然增长率)等因素影响青海高原区生态经济系统投入产出的指标。

环境指标主要选择对青海高原区生态环境造成直接污染(如工业废气排放总量、工业废水排放总量等)及环境治理(如草原鼠害治理面积、草原虫害治理面积等)的指标。

三、指标体系构建

根据青海高原区生态经济系统投入产出指标选择依据,搜集与青海高原区生态经济系统投入产出具有相关性的可量化指标,再通过系统聚类分析,保留高相关性指标,细致分类,建立青海高原地区生态经济系统投入产出评价指标体系(见表6-1)。

表6-1 生态经济系统投入产出指标体系

目标层(A)	一级指标层(B)	二级指标层(C)
青海高原地区生态经济系统投入产出评价(A)	压力指标(B1)	造林总面积(C1);活立木总蓄积量(C2);生态退耕(C3);湿地面积(C4);沙化土地面积(C5);累计水土流失治理面积(C6);牧草地面积(C7);草原鼠害危害面积(C8);草原虫害危害面积(C9);草原火灾受害面积(C10);总人口数(C11);大牲畜年底头数(C12);单位地区生产总值能耗(C13);农业生产价格指数(C14);化学需氧量排放量(C15);SO_2排放量(C16);烟尘排放总量(C17);工业废气排放总量(C18);工业废水排放总量(C19);危险废物(C20)
	潜力指标(B2)	草原虫害治理面积(C26);降水量(C27);供水总量(C28);地表水资源含量(C29);地下水资源含量(C30);生态水用量(C31);人口自然增长率(C32);地区生产总值(C33);地方财政收入(C34);工业污染治理政府补助(C35);环境污染治理总投资(C36);工业污染治理完成投资(C37);"三废"综合利用产品价值(C38)

第二节 青海高原生态经济系统投入产出的实证分析

一、实证分析

充分考虑西藏、青海、新疆、甘肃、四川和云南的人口、经济、环境现状,依据建立的青海高原区生态经济系统投入产出指标体系,将指标进行无量纲处理,对其进行主成分分析,三大主成分旋转后的累计方差百分比,即贡献率已达94.131%,存在明显拐点,满足研究需要。[1]

---

[1]吴三忙. 投入产出技术理论与应用[M]. 北京:中国经济出版社,2017.

在分析可信度较高的情况下,换算成分贡献权重,如表6-2所示。

表6-2　主成分贡献率

单位:%

	成分1贡献率	成分2贡献率	成分3贡献率	累计贡献率
旋转权重	53.328	27.099	13.705	94.131
换算权重	56.653	28.788	14.559	100.000

利用上述指标,搜集2007—2013年的时间序列数据,进行多元回归分析。

(一)西藏

草地和森林在西藏的生态系统中占很大比重,且经济增长多依赖自然生态系统的第一性生产力低附加值畜牧产品和粗放式旅游业,所以选取草地、林地及其相关因子作为投入指标较合适。在资源消耗中,西藏第三产业占比高,但技术管理不足,粗放式发展倾向明显。在显著性水平0.05的条件下,经济指标如地区生产总值、社会指标如总人口数、污染性指标如工业废水排放总量等都无法通过检验,说明存在非市场因素的干扰,投入产出效率低,故适当放松检验进行分析,产出指标可能为地区生产总值、地方财政收入、三废综合利用产品价值、总人口数、人口自然增长率。将显著性水平降到0.3,可以得出:

"三废"综合利用产品价值(0.980 3)在所有产出指标中比重最大,其中,草地的贡献(0.984 1)高于森林系统(0.971 4)和水系统(0.976 5),说明草地相关产业是污染的重要来源。从地区生产总值、地方财政收入的贡献来源看,草地的贡献低于森林系统和水系统,也低于草地对"三废"综合利用产品价值的贡献,说明草地相关产业既创造经济价值也破坏了环境,投入产出比不经济,效益不高。西藏依托资源禀赋发展旅游业,谋求第三产业快速发展,没有考虑生态承载力,反而加重了环境负担,使经济发展趋向高投入、低产出的不良循环。当前的生态经济系统投入产出状况,正是粗放式、外延式发展模式的后果。为获得短期的GDP的增长,西藏有加大污染性产业发展的态势,粗放式、外延式的增长取代了内涵式增长,经济总量的增加并没有促进经济质量的提高。政府的政策导向对西藏的经济发展具有重要影响。作为重要的生态功能区,西藏对于中国的生态贡献要远高于经济贡献,不能因为促进经济增长而破坏生态环境,其自然资源丰富,但生态环境脆弱敏感,生态系统一旦劣变就会加速劣变,无法恢复原貌。这一地区应以保护生态环境为重点,协调好生态保护与经济发展之间的关系,合理规划资源,不牺牲环境发展经济;政府要衡量环境承载力,合理管控旅游业,防止生态环境的劣变,提高经济效益。

(二)青海

青海的地貌特征、水热条件和气候特征共同决定了草地是与其经济生产联系最紧密的生态系统,投入指标应是其相关因子。作为畜牧业基地,青海畜牧产品的产出影响全国供给,对地方的社会经济发展有很强的支撑作用,产出指标可能为地区生产总值、地方财政收入、大牲畜年底头数、总人口数、人口自然增长率。在显著性水平 0.05 的条件下,由于一些非市场因素的影响,经济效果不明显,无法通过检验,放松显著性水平到 0.3 可通过检验。

以经济总量来衡量,青海 GDP 增长较快,但以经济发展的质量衡量,质量提高的速度不及经济增长的速度。由投入产出分析的结果来看,经济发展存在效益低的问题,高附加值的产业链条仍需扩展。从产出指标的权重来看,大牲畜年底头数大于地方财政收入,说明消耗资源的价值要大于创造的经济价值。青海省畜牧业依赖草地初级生产力和动物性初级产品的产出,过度使用草地资源,但没有达到合适的投入产出比。从投入指标来看,环境污染治理总额(0.981 3)对大牲畜年底头数的贡献最大,表明草地初级生产力的维护必须要有资金的支持,而不是自然状态下草地生态系统的承载力,显然生态环境在一定程度上会遭到破坏。同时,以增加环境治理投资总额的方式来间接增加地方财政收入的方式也是不可持续的,从矩阵中可以看出,地方财政收入和大牲畜年底头数来自环境污染治理总额的贡献存在一定差距,地方财政资金会趋于紧张,后期环境治理的成本将会越来越高,从而制约地方财政对其他方面的投入。青海省是少数民族聚集区,少数民族的游牧文化及财富观念仍比较普遍,因此,对于草地的利用仍缺乏科学合理的规划。作为国家重要生态功能区,青海省应以保护环境为前提来发展经济,其生态环境的好坏直接影响水源安全与否。因此,青海省要转变发展理念,依据自身优势合理选择发展的产业,走向产业链的顶端,对于畜牧业要合理控制规模,深化产业链条,寻求产品附加值的提高,讲求经济效益。

(三)新疆

受制于水热条件的不均衡,人工林地和草地是新疆发展的主要支撑,所以投入指标应选取含有人工生态系统在内的草地、森林的相关因子。新疆重视石油化工、有色金属采掘加工等行业的发展,所以产出会因资源禀赋差异和主导产业不同而有所变化,可能为地区生产总值、地方财政收入、"三废"综合利用产品价值、化学需氧量排放量、工业废水排放总量、工业废气排放总量、烟尘排放量,在显著性水平0.05的条件下,由于一些非市场因素的干扰,经济效果不明显,可将其放松至0.3,得到如下结果。

新疆丰富的能源决定其重工业为主的产业发展方向。从投入产出分析来看,地区生产总值、地方财政收入权重大,说明资源的消耗给经济带来了明显的增长,表明新疆的经济发展虽然产生了一定的污染,但经济效率比西藏和青海高。从各因子的贡献率看,水对国内生产总值(0.997 1)、地方财政收入(0.993 1)、三废综合利用产品价值(0.962 8)、化学需氧量排放量(0.961 7)、工业废气排放总量(0.968 0)和烟尘排放总量(0.987 6)的贡献都较大,说明新疆的产业发展与水的关联度较高,与水有关的行业既是经济发展的动力,又是污染的直接来源。草地总面积、造林总面积对产出均有贡献,但其本身也与水资源相关性较大。因此,水资源对于新疆的经济发展具有重要的支撑作用,水资源的循环利用是提升经济效益的关键。新疆有着丰富的能源,一方面,这是经济发展的基础;另一方面,也会使新疆形成单一的经济结构,不利于缓解经济发展与生态环境之间的紧张关系,致使投入产出效率降低。新疆既是生态功能区,也是国家重点开发地区,应在兼顾环境的基础上实现经济增长,将资源禀赋、生态承载力、科技发展水平综合考量,选择其主导产业,以循环经济的发展模式,向着低能耗、低污染、高产出、高效益转变。

(四)甘肃

甘肃是三大高原的交接带,自然条件恶劣,人造生态系统对区域生态影响较大,因此,森林、草地、水和环境污染治理总投资等作为投入指标较合理。甘肃选择石油化工、有色金属冶炼作为其主要产业,外部不经济性明显,产出指标可能是人口总数、人口自然增长率,工业废水排放总量、工业废气排放总量、SO_2排放量、化学需氧量排放量。在显著性水平0.05的条件下,产出指标无法通过检验,说明投入产出效率低,放松检验约束到0.3,得到如下结果。

产出指标中不涉及经济指标,仅有社会指标和污染指标,SO_2排放量(0.937 2)是其中贡献最大且对环境影响恶劣的指标,说明甘肃经济的发展效率低,投入高、产出低,造成了外部不经济。从各指标贡献率上分析,造林总面积(0.953 9)和草地总面积(0.951 9)对SO_2排放量的贡献较大,说明资源利用不合理,相关产业如造纸业、农药化工的污染较大,属于粗放式、外延式的发展模式,经济效率不高,资源投入未提高经济增长,反而表现为污染环境,经济发展与地区的生态定位不匹配。另一方面,污染指标的出现也说明,生态系统的净化能力在下降,生态环境在恶化。甘肃过度倚重重工业,工业布局不合理,没有形成规模经济和集约经济,对于工业"三废"的处理能力较低,致使环境有劣变的趋势。另外,恶劣的生态系统服务功能的减弱也会影响生态经济系统的投入产出效率。对于甘肃而言,生态利益要比经济利益更加重要。甘肃应把本地区资源、文化协调起来发展,合理布局工业发展,淘汰高污染、低效益的产业,发展新能源,寻找新的经济增长点,缓解偏重工业发展模式带来的环境负担。

(五)四川

四川自然条件较好,生态系统多样,但对环境影响较大的参照还是森林和草地,投入指标主要是这两个生态系统的相关因子。相对而言,四川生态经济承载力大,经济发展能力强,且三产比例要比其他地区更合理,但随着经济量增,污染物也在量增,并对环境产生负面影响。由此,可能的产出指标为地区生产总值、地方财政收入、三废综合利用产品价值、工业废水排放总量、工业废气排放总量、烟尘排放总量、危险废物。在显著性水平0.05的条件下,影响产出的因素增多,投入指标的权重降低,无法通过检验,可放松至0.3,得到如下结果。

四川资源禀赋极好,环境承载力大,对当地的经济发展有很强的支撑作用。从分析的结果看,工业废水排放总量权重大于地区生产总值,说明资源消耗更多表现在环境污染,经济运行没有效率。从因子贡献率看,造林总面积(0.942 1)和供水总量(0.909 4)对工业污染贡献大,说明造纸等相关行业的污染是直接污染源,并且其污染治理能力不足。四川致力于发展旅游业,但从造林总面积(0.820 7)、供水总量(0.812 7)和草地总面积(0.736 6)对地区生产总值的贡献可以看出,旅游业对经济增长贡献并不明显,还处于粗放式的开发阶段,资源配置效率低。四川不以畜牧业、采掘业为重点,不偏向重工业发展,属于平衡的发展模式,但经济指标权重低于污染指标,说明还处于规模不经济阶段,小作坊式的加工企业较多,资源配置不合理。另外,生态环境的恶化及生态系统服务功能的弱化也是影响投入产出效率的重要因素。因此,四川需要在自身资源禀赋的基础上,集合地域文化、地理条件、经济发展打造综合优势产业集群,提升四川的整体实力。同时,也要着力改善生态环境,使生态与经济能协调发展。

(六)云南

云南水热条件较好,生态系统多样,抵抗力稳定性较强,但影响环境较大的仍是森林和草地,将其相关因子列为投入指标更加合理。综合考量能源化工、生物产业、矿产业对经济的拉动作用及对环境产生的危害,产出指标可为地区生产总值、地方财政收入、化学需氧量排放量、工业废水排放总量、SO_2排放量、危险废物。将数据进行多元回归分析,在显著性水平0.05的约束下,由于非市场因素影响,没有通过检验,放松显著性水平到0.3,得到如下结果:

产出指标不涉及经济指标,化学需氧量排放量和危险废物权重较大,说明云南当前的发展模式和选择的支柱产业对环境负效应极大,且没有明显拉动经济增长,不具有可持续性。从因子贡献率看,造林总面积是对污染物贡献大的因素,说明相关产业是主要污染源。一方面,以木材为原料的加工业污染较大;另一方面,生态系统服务价值输入小于输出,环境处于非平稳状态。另外,生物医药、化工等行业产生的工业废物,也对水质和土壤造成污染,致使外部不经济明显,增加了治理的难度。云南旅游业发展迅速,规模大但效益低,缺乏产业化观念,需求管理意识薄弱。工业污染对生物多样性的损害及生态系统服务功能的弱化对投入产出效率的影响逐渐增大。因此,云南应充分发挥自身的综合优势,调整三产的比例,深化第三产业的发展。对于旅游业,要提高发展质量,不依靠数量,以环境承载力为前提,控制旅游业的规模,打造精品路线,提高经济效益。同时,加强工业污染治理,增加环境保护投入,发展环保产业和环保技术,提高生态经济效益。

二、青海高原地区生态经济系统投入产出变化规律分析

(一)青海高原地区梯度划分

1.低程度开发区:青海和西藏

对国家而言,青海、西藏的生态价值大于其经济价值,是西部重要的生态安全屏障。该区域内生态系统脆弱性显著,一旦劣变就无法逆转。近年来,西藏旅游业的快速发展虽然在短期内拉动了当地第三产业的发展,使GDP稳步提高。但从长期来看,粗放式的传统旅游业只能使环境负担加重,使生态环境面临退化的风险。在传统生产方式的约束下,青海畜牧业的效益提升空间已不大。另外,预期收益贴现率下降、过度依靠草地初级生产力和动物性初级产品使畜牧业发展进入瓶颈期,致使草地退化。青海将盐湖化工、有色金属采掘与加工、油气化工列为主导产业,但对如何发展、相关的上下游产业的形成以及污染的治理却无详细规划,一旦发生重大污染,经济、社会、自然的关系就有失衡的风险。维护好西藏、青海的生态环境不仅对当地区域发展有重大意义,对周围水系乃至整个西部地区的可持续发展和生态安全都十分重要。因此,西藏、青海应以保护环境为先,兼顾经济发展,以资源禀赋为依托,大力发展生态产业、新能源产业,促进循环经济的形成。

2.重点治理区:新疆和甘肃

新疆、甘肃境内干旱少雨,且降水分布不均,区域内一些地方荒漠化、石漠化十分严重。现阶段,两省区重工业比重偏大,污染性产业较多。虽有循环经济的雏形,但相关产业发展并不健全,且仍需以资源消耗来拉动经济增长。投入资源多、经济收益少、资源回报率低的发展模式使区域经济陷入恶性循环,加之当地环保产业发展滞后,生态环境已有劣变表征。因此,新疆、甘肃应明确经济发展与生态保护同步进行的发展目标,不以牺牲环境为代价来发展经济,重点治理污染,加速产业升级,促进低碳经济、循环经济的发展。同时,借助于我国"一带一路"倡

议,发展国际贸易,增强区际贸易,降低重工业比重,促进经济、社会、自然和谐发展。

3. 综合治理开发区:四川和云南

四川、云南气候温暖湿润,资源禀赋较好,区位优势明显,经济发展正趋于多元化。虽然三产比例相对合理,但并未摆脱以资源换发展的模式,较少考虑到自然、社会等综合因素,没有形成经济发展的合力。第二产业快速突进也对该地区的生态环境带来了负面效应,致使环境污染较严重,环境稳定性下降。两省都是旅游大省,但旅游业的发展仍存在经济效益低、投入产出比不经济的问题,自然资源的过度利用超出了生态涵容阈值,环境负担沉重,对区域可持续发展不利。四川、云南既是生态功能区,也是国家重点支持的经济开发区域。这表明两省应兼顾经济发展与生态环境保护,一方面,积极推动产业结构升级,淘汰落后产能、发展新能源、新材料产业,降低能耗;另一方面,加强对环保产业的支持力度,开发新技术、加强环境保护,治理污染,并且推进旅游产业的发展,使生态与经济、人与自然协调发展。

(二)青海高原区梯度变化:非期望产出增量变化

投入产出的分析结果显示,从低程度开发区过渡到重点治理区,在投入指标基本相同的情况下,产出指标出现变化,增加了SO_2排放量、化学需氧量排放量、工业废气排放总量等新指标。这类新指标的出现表明新生态经济现象的出现,显示出生态功能劣变的征兆,加大了环境退化风险。由重点治理区向综合治理开发区过渡,又增加了工业废水排放总量和危险废物,说明经济生产的环境负效应加重,制约了综合治理开发区的区域可持续发展。由于综合治理开发区的生态环境较好,生态系统的自我调节能力强,因此,生态经济承载力强于重点治理区域。从指标构成变化可以发现一些非期望的产出指标逐渐出现并在数量上呈增加的趋势,显示出危害环境的污染性指标跟随梯度变化而逐渐增加,且对环境影响程度在加深,阻碍区域的可持续发展。

(三)投入产出变化规律

通过投入产出分析,可以看出青海高原区生态系统未受到结构性破坏,对区域内的生态安全仍起支撑作用,但环境的稳定性正在降低;各行政区都以各自的经济发展为优先目标,没有认识到生态安全的重要性,片面强调经济增长,使经济系统与生态系统不能很好地契合,生态环境面临的劣变风险凸显。对青海高原区梯度性分析得出:(1)区域梯度变化过程中,各地区的重工业比重逐渐偏大,出现的新生态经济现象对环境的影响程度在逐步加深。(2)资源性主导产业的发展,加速了环境劣变,在工业化逐层深入的过程中,环境成为制约经济发展的因素。(3)生态功能不同、生态承载差异使得相同水平的经济活动在不同地区显示出不同的经济效果,产生不同经济效益,从而为政府立足不同生态功能区制定发展方略和生态修复方案提供了现实依据。

三、优化生态经济系统投入产出比的途径——以草地系统为例

在青海高原区各种生态系统中,草地生态系统面积占比最大,也与人们的生产生活最为密切。优化草地生态系统的投入产出比,不仅利于转变发展模式,提高经济效益,而且有助于保护和高效利用草地资源。同时,对合理利用其他生态系统的利用也是一种借鉴,更能有效促进区域内生态与经济的协调发展。综合考虑草地资源的具体情况,进行草地生态系统投入产出的优化研究,应从以下方面着手。

(一)育草

目前,青海高原区对草地生态系统影响最大的是畜牧业和荒漠化、沙化的不断蔓延。为了优化草地生态系统的投入产出比,应采取育草策略。针对畜牧业,应增强技术管理水平,改变过度依赖草地生态系统初级生产力的现状。传统畜牧业以增加牲畜养殖量的方式来增加产值,资源消耗量大,但经济效益不高,长期的过度放牧还使草地严重退化,增加荒漠化、沙化面积,反而制约畜牧业发展。因此,优化草地系统的投入产出应先减畜,对既有资源进行合理科学的计算,得出草地资源的载畜量,然后合理地减牧、休牧和轮牧。一方面,有助于恢复草地生态系统的初级生产力;另一方面,可以提升牲畜的品质,有助于高附加值产品如奶制品的产出,增加利润。对于荒漠化、沙化蔓延,应积极治理,尤其是地表已有裸露的土地,要退牧退耕还草,严禁利用。对于退化程度不同的草地合理划分,轻度、中度退化草地适当放牧,重度退化草地禁止放牧。同

时,在荒漠化、沙化土地交接处积极植草,引进抗干旱、抗盐碱的乔木、灌木围栏,使草地系统能够自我修复。

(二)推进草产业发展

草地系统投入产出低,源于资源的过度消耗。因此,积极推进草产业的发展有助于解决资源的过度消耗问题,避免草地的退化。牲畜饲养主要以草料为食,但受制于季节因素,草畜失衡现象普遍。因此,增加草料供给是解决这一问题的有效途径。第一,应做好草料加工,提升草料利用率。在丰产期储备,在进入冬春季或灾害发生时用以缓解草畜失衡。第二,增加人工草地建植。在半干旱区或不适宜农耕的地区建造人工草地,既提高土地利用率又能补充草料供给。同时,对于有些产量低的耕地,可以引进产量较高的草种,专门种草。根据各地的实际情况建立草产业的相关加工企业,提高草料的附加值,进行销售。

(三)增加生态补偿资金投入

草地生态系统的气候调节、水土保持、涵养水源的生态服务价值为全社会共享,对草地的保护也应由全社会共同承担。退耕退牧还草后,农牧民的收入会下降,因此,政府应该增加生态补偿资金的投入,弥补农牧民的损失,使其在退耕退牧还草后,生活水平不致下降,调动其保护草地的积极性。另外,草地的生态建设是一项长期的工程,需要大量的资金投入和人力的维护。增加生态补偿资金,一方面,有利于扩大还草面积;另一方面,有利于增加管护的人力,使草地能够得到更好的保护。

第三节　提升高原生态投入产出效率的策略思考

面对青海高原区生态经济系统的突出问题,修复生态系统、降低环境资源消耗、提高投入产出效率迫在眉睫。鉴于青海高原区脆弱的生态环境、经济发展的急切性以及社会福利的需求,应采取以下措施。[①]

①张亚雄,赵坤.区域间投入产出分析[M].北京:社会科学文献出版社,2006.

一、完善退耕还林还草建设方案

退耕还林还草是国家为保护生态环境所采取的一种生态建设方案。根据水土流失和土地沙化状况,有计划地恢复其植被覆盖度。同时,国家根据制定的资金补偿标准对退耕的农户实行经济补偿。退耕还林还草方案虽然取得了一定的成效,但仍有需要完善的方面。

(一)退耕还林还草的设施建设

退耕区多是自然环境恶劣、交通不便的山区或半山区,平川谷地很少,这种自然环境面临的最大问题是水土流失及干旱少雨。这部分土地即使还林还草,也会因为环境恶劣、缺少水源而使成活率和成才率较低,造成资源的浪费。为此,在开展退耕还林还草工程的同时,也应该加强配套灌溉工程的建设,以较经济的方式满足植被生长的需要。另外,在草种、林种的引进上也应以抗旱、抗盐碱为主,使自然生态系统能够尽快恢复。

(二)差别化资金补偿机制

现行的退耕还林还草机制具有同一性,没有充分考虑到不同地区的不同情况,实行统一的资金或粮食补偿。对于一些经济条件较差的农户来讲,退耕还林还草后的经济补偿无法满足生活所需,而且随着补偿期限的结束,生活状况会更加恶化。因此,应根据不同地区的经济发展程度,实行差别化的资金补偿机制。

第一,根据不同地区经济发展,确定资金补偿的金额。经济发达地区、物价水平高的地区应该给予更高的补偿,以使农户在退耕还林还草后生活水平不会下降。

第二,根据退耕还林还草的农户的不同经济状况,确定资金补偿额及帮助。对于经济条件较好的农户给予正常的资金补偿;对于经济条件差的农户,给予较高的补偿,并帮助其提高生活水平。

(三)引入市场机制

退耕还林还草工程耗费巨大,政府的财政资金有限,可能无法满足工程需要。因此,应适当引入市场机制,以市场化手段弥补行政手段的不足。对于退耕还林还草的地块可以实行承包模式,签订合同。对于承包土地的管护完全由承包商负责,并免除承包商的一切费用。但承包商必须种植一定面积、一定比例、一定种类的林和草,达到退耕还林还草工程的要求,剩余部分可由承包商种植其他种类的、经济效益明显的林和草,实现其商业用途。

二、推进产业低碳化进程

产业低碳化是将地区产业(包括农业、工业、第三产业)尤其是高污染、高排放、高耗能产业作为重点和基点,通过产业节能减排、提升产业附加值、优化产业结构等手段实现经济发展与产业低能耗相一致,经济发展与高碳排放相分离,改善生态环境脆弱和经济发展不可持续的现状。青海高原区工业发展多以能源产业为主,降低能源产业的污染、减少能源产业的能耗是低碳化的关键。为此,推进产业低碳化进程有助于更好地实现区域的可持续发展。

针对该地区的实际情况,应从以下几个方面着手。

调整能源产业政策,开发新能源,调整能源消费结构。青海高原区资源丰富,拥有很多可以替代石油、煤炭的资源,但许多开发不足或是未经开发,如水电、风电、地热、核能等。政府应该在了解本地区资源储量的情况下,制定能源产业政策,有序开发,逐渐降低石油、煤炭的消费,提高清洁能源的使用比例。

针对能源产业实行差别化税收政策及准入政策。在我国产业结构升级的大背景下,东部一些落后、淘汰产能要向西部转移。对此,政府不能仅仅看到眼前的经济利益而忽视长久的生态利益,牺牲社会福利,应制定严格的准入政策,增加税收,严格监察其排放情况。对于新能源产业的进入,给予优惠的税收政策及土地政策,并在资金上给予担保支持,加速企业的发展。

加强产学研的合作,开发新技术,降低能耗,减少排放。继续推进本地区产学研的结合,使科研院所和高校成为技术创新的重要一环,将新技术应用于企业的正常生产。同时,企业应对科研院所和高校提供一定的资金支持,将日常生产遇到的技术问题与科研院所和高校共享,加速新技术的开发,以求降低企业的能耗及废物再利用。

创建支持地方能源产业低碳化的金融服务体系。低碳技术和新能源产业在我国拥有广阔的发展前景,但由于整体实力和市场竞争力相对薄弱,资金支持还不到位,能源产业的金融多元化需求无法得到满足。因此,地方政府应该拓宽能源产业的投融资渠道,优化能源金融服务体系,制定切实可行的能源产业融投资运作规范,控制信贷资金的投向,加大对资源节约型和环境友好型项目的信贷支持,制定专门针对节能项目的设备租赁和贷款优惠等激励政策,提高企业对节能项目投资的积极性。

三、转变旅游业发展模式

青海高原区传统旅游业,重量不重质。廉价的消费模式不仅消耗了大量旅游资源,还使生态环境遭到破坏。在这样的前提下,转变旅游业的发展模式是十分必要的。根据各地区不同的旅游资源可以参考以下模式。

(一)原生态山地游

青海高原区拥有特殊的自然地理条件和动植物资源,为旅游业的发展提供了良好条件,但是应区别于传统旅游业的大规模开发,尽量保持山地的原生态,满足游客回归大自然的心理。同时,山区生态环境脆弱,必须注意生态环境的保护。为了避免因游客众多而破坏环境,应根据当地的实际情况限定游客人数,这样既能保证品质也能提高利润率。在这样的前提下,发展山地原生态游是可行的。生态游的重点在于环境,山地的原生态景观是理想的生态养生场所,结合当地的自然条件,可以开展如下项目。

天然氧吧:山地空气无污染、含氧量高,对于疲惫的人来说,是缓解压力的好地方。因此,建立天然氧吧既不会造成污染,还可与森林浴结合,进行创收。

登山:原生态山地对登山爱好者具有很强的吸引力。然而东、中部很多地方的山地已经开发过,这使得登山爱好者失去了兴趣。因此,在保证安全的前提下,青海高原区可以开展登山项目,吸引喜欢原生态的登山爱好者。

植物观赏:青海高原区的高海拔决定了其植物资源与国内其他地区的差异性,可以选择合适的地方建造植物园供游人观赏。另外,山区的泉水、河流、湖泊等也可利用起来,使游客体验原生态、无污染的旅游方式。

（二）民族文化体验游

青海高原区是多民族聚集区，也是多民族文化资源汇聚的地方。旅游不是无烟工业已成很多人的共识，传统的文化旅游方式缺少对旅游地的文化、人文生态环境的保护，反而使其受旅游的影响面临消失。因此，青海高原区在开展文化游时，应以保护当地的民族风俗、传统文化为前提，展现其原始状态，让游客了解最真实的地域文化风貌，体验这种民族文化、民族习俗，使这种民族文化能不断地传承下去。

（三）乡村生态游

青海高原区农业生产条件不同于其他地区，有自己独特的农业生态文化，能为乡村生态旅游发展提供广阔的空间。乡村生态旅游的不断发展有助于全社会对乡村发展、乡村景观、乡村遗产的关注，也能带动乡村经济的发展。其中，农业观光与农家田园模式较适宜，对环境的危害较低。农家观光与农家田园模式既可以欣赏田园风光，也可以让游客直接入住农家，在不同季节都可以体验农民的生产生活方式，如种地、施肥、收割等，使游客感受不同的人生，也可建造一些果园、蔬菜园，向游客提供无污染食物，也可供其采摘，体验乐趣。

四、构建联动生态保护机制

青海高原区生态环境的稳定性在降低，生态系统服务功能有弱化倾向，因此，应该联合各地区建立生态保护机制，抽调相关环保部门人员进行整个青海高原区范围内的组织管理。

（一）建立生态保护联合账户

首先，保护生态最重要的还是需要资金的支持，为了能够更好地对生态环境进行保护，各行政区应按照GDP的一定比例，抽调出生态补偿的资金，结合国家拨款和社会筹措资金共同建立一个青海高原区的联合账户，并建立各生态建设项目的账户。其次，各行政区之间应协调建立专门管理生态补偿资金的工作小组，对生态资金的使用进行监管，实行资金的审批制度，即每一笔资金的使用，必须由相关地区的主管部门申请备案，并说明资金的用途、预计目标、实际效果、可检测时间，而且要求资金使用方在资金使用过程中详细记账。最后，根据生态建设项目实施的进度，确定项目验收时间，及时反馈生态建设项目中出现的问题。

(二)以市场化手段进行"节能减排"

政府作为生态环境保护和建设的主体,其具有的强制力是市场无法替代的。但是受制于体制、机制的原因,政府在一定情况下无法发挥作用,这就需要市场来解决。可在青海高原区试建立排污权、碳排放权的交易平台,以国家制定的减排目标为基准,设定青海高原区的减排目标,并且细化到行业的减排目标,制定不同规模、不同行业的企业的排放标准,对于排放小于该标准的企业允许其在交易中心交易其剩余排放量,对于超过标准的企业必须购买排放量。这样企业的利润与其生产方式是紧密相关的,倒逼企业改革,开发新技术,降低能耗、减少排放。

第七章 青海高原生态与经济系统协调发展路径探析

第一节 继续加强对生态脆弱区的保护和治理

一、生态系统恢复重建的思路

随着科学技术的发展,20世纪60年代以来,由于全球气候变化、生态破坏、环境污染、森林面积减少、水资源短缺、荒漠化面积扩大等问题日趋严重。20世纪90年代初,在经济、社会与环境发展日趋失衡,生存环境不断恶化的背景下,可持续发展思想很快被世界各国所认同。"生态系统恢复""可持续发展"延伸至农业及农村经济发展领域。联合国粮食及农业组织1991年提出的关于可持续农业与农村发展的定义被越来越多的人所接受:"管理和保护自然资源基础,调整技术和机制变化的方向,以便确保获得并持续地满足目前和今后世世代代人们的需要。"1999年我国农业部编制的《中国21世纪议程农业行动计划》明确指出:"中国农业不能再走破坏生态环境、掠夺自然资源、追求短期效益的老路,必须选择培育和保护资源、优化生态环境、提高综合生产能力的可持续发展道路。"联合国环境规划署在1977年、1984年和1991年对沙漠化的状况和速度进行的全球评价表明,人们对沙漠化过程的基本认识不足,世界范围的适当有秩序的观察系统有助于制订和执行有效地防止沙漠化的方案。现有的国际、区域和国家机构(尤其在发展中国家)提供和交流有关信息的能力有限。为了了解沙漠化和旱灾进程动态,有必要建立一个基于严谨的技术并包括全球、区域、国家和地方各级在内的综合协调的信息观察系统。我国生态系统恢复发展已进入新的时代,对农业和农村经济结构进行战略性调整将是今后一段时间内的主要任务。这就要求新时期的农业是一种能够保护和维持土地、水和动植物资源,不会造成环境退化；同时在技术上适当可行，经济上有活力，能够被社会广泛接受。[①]

(一)生态修复、恢复生态学的相关概念

生态系统简称ECO，是ecosystem的缩写，指在自然界的一定的空间内，生物与环境构成的统一整体。在这个统一整体中，生物与环境相互影响、相互制约，并在一定时期内处于相对稳定的动态平衡状态。

生态修复是指对生态系统停止人为干扰，以减轻负荷压力，依靠生态系统的自我调节能力与自组织能力使其向有序的方向进行演化，或者利用生态系统的这种自我恢复能力，辅以人工措施，使遭到破坏的生态系统逐步恢复或使生态系统向良性循环方向发展，主要指致力于那些在自然突变和人类活动影响下受到破坏的自然生态系统的恢复与重建工作。

生态系统恢复(ecosystem restoration)是指停止人为干扰，解除生态系统所承受的超负荷压力，依靠生态系统本身的自动适应、自组织和自调控能力，按生态系统自身规律演替，通过其休养生息的漫长过程，使生态系统向自然状态演化，即恢复原有生态的功能和演变规律，完全可以依靠大自然本身的推进过程。生态重建是对被破坏的生态系统进行规划、设计，建设生态工程，加强生态系统管理，维护和恢复其健康，创建和谐、高效的可持续发展环境。对于生态系统恢复，国际上已有相应的科学理论支撑体系，对生态系统退化机理及其恢复途径已有所研究，并被日本、美国及欧洲所应用，取得了良好的效果。

生态修复学是研究生态修复的科学，是生态修复活动的基础。生态修复学为生态修复者提供清晰的概念、模型、方法和手段。生态修复学依据生态学原理，指出生态修复应遵循能量规律。研究发现，生态系统遵循热力学第二定律，具体表现为能量按照10%的递减规律在营养等级之间传递。在很多环境综合整治工程中，如果以治理污染为目的是看不见效果的，例如近年来的"三河三湖"行动那样("三河三湖"是指流经我国人口稠密聚集地的淮河、海河、辽河和太湖、巢湖、滇池，这些重点流域的水污染治理事关我国接近半数的省市社会经济发展，以及人民群众的生活质量，是我国水污染防治工作的重中之重)。恰当的技术路线应该

---

①石菊松，马小霞.关于青藏高原生态保护治理的几点思考和建议[J].环境与可持续发展，2021(5):42-46.

是,根据参照系统(即自然环境容量),采取生态环境工程一体化措施来建造由原生物、微生物、低等动植物和高等动植物等组成的完整食物链、营养等级和食物网络;同时满足河流湖泊的服务功能质量要求。

恢复生态学(restoration ecology)是研究生态系统退化的原因,退化生态系统恢复与重建的技术和方法及其生态学过程和机理的科学。恢复生态学的研究对象是那些在天灾人祸和人类活动压力下受到破坏的自然生态系统,它所应用的是生态学的基本原理,尤其是生态系统演替理论。由于恢复过程是人工设计的,且恢复过程是综合的,因而也称之为"合成生态学"(synthetic ecology)。恢复生态学不同于传统应用生态学之处在于,它不是从单一的物种层次和种群层次,而是从群落层次,更准确地说是从生态系统层次考虑和解决问题。退化生态系统的形成机理及恢复即是该中心的主要研究内容之一。恢复生态学是20世纪80年代迅速发展起来的现代应用生态学的一个分支,主要致力于那些在自然灾变和人类活动压力下受到破坏的自然生态系统的恢复与重建。恢复生态学在加强生态系统建设和优化管理以及生物多样性的保护方面具有重要的理论和实践意义。

(二)生态系统恢复的内涵及外延

实现生态自我修复应遵循人与自然和谐相处的原则,控制人类活动对自然的过度索取,停止对大自然的肆意侵害,依靠大自然的力量实现自我修复。它的含义应包括以下三个方面:一要遵循自然生态经济规律;二要充分利用自然资源;三要快速恢复植被。近年来有些研究者认为生态系统恢复的概念应包括生态系统的恢复、重建和改建,其内涵大体上可以理解为通过系统自身调节能力和外界力量使受损(开挖占压、污染、全球气候变化、天灾人祸等)的生态系统得到恢复、重建或改建(不一定完全与原来的相同)。按照这一概念,生态系统恢复涵盖了非污染的退化生态系统的恢复。因此,我国生态系统恢复在外延上可以从四个层面理解:第一个层面是污染环境的修复,即传统的环境生态系统恢复工程概念;第二个层面是大规模人为扰动和破坏生态系统(非污染生态系统)的修复,即开发建设项目的生态系统修复;第三个层面是大规模农林牧业生产活动的森林和草地生态系统的修复,即人口密集农牧业区的生态系统恢复,相当于生态建设工程或生态工程;第四个层面是小规模人类活动或完全由于自然原因(森林火灾、雪线上升等)造成的退化生态系统的修复,即人口分布稀少地区的生态自我修复。正在实施的水土保持生态系统恢复工程及重要水源保护地、生态保护区的封禁管护均属于这一范畴。第二、三、四层面综合起来即为生态系统恢复学的内容,这四个层面的生态系统恢复可能在同一较大区域并存或交叉出现。

自从 Cairns 于 1975 年发表了题为"Recovery and restoration of damaged ecosystems"的论文以来,恢复(recovery)和修复(restoration)两个概念交替出现在各种场合。后来,研究者意识到恢复的定义过于严格,对于大部分或多或少受到人类活动影响的生态系统,严格地定义其为自然生态系统是不合适的,而将这样的生态系统完全恢复到未受人类影响的状态是不可能的。因此,修复作为相对宽松的概念,更加适合人们对生态系统"恢复过程"的定义。从 1981 年,《生态修复》(*Ecological Restoration*)杂志创刊,到 1988 年国际生态修复学会(Society for Ecological Restoration International)成立,生态修复已经完全取代生态系统恢复,成为人们对生态系统修复的精确定义和常用术语。目前,国内常用的"生态系统恢复"和"恢复生态学"是 30 多年前的概念。

(三)生态系统恢复的标准和内容

1. 标准

生态系统恢复的目的是在维护生态系统完整健康的基础上同时保持或提高生态系统产品和服务。虽然应用生态系统恢复技术来解决环境问题的全面意识正在日益增长,但在判断什么是成功的生态系统恢复工程,基本要件有哪些等方面还缺乏共识。国际生态修复学会认为评价标准应参考《操作指南》中概念性规划的修复目标,同时包括生态目标和文化目标。因此,生态系统恢复是否成功不能简单评判,那些生态学以外的评价也应被列入评价标准中。在此,我们以生态系统恢复的定义、科学原理和《操作指南》为基础,讨论、总结出检验生态系统恢复成功的五大标准:第一,有指导性影像参照系统存在,它是预先鉴定出来的生态动力状态的结果,用来指导后续生态系统恢复要达到的程度;第二,生态系统得到改善,生态条件得到可测量性的加强;第三,抗外部干扰能力增强,比修复前更为自我可持续;第四,不施加任何长期危害行动,实施修复过程中,没有掺入任何不可修复的成分;第五,生态评估已经完成,修复前后作过某种程度的评估,其评估信息已经公开。生态系统恢复的成功必须满足这五大标准,以构成生态系统恢复领域各相关机构共同的标准,适用于财政、金融、主管机关、专业设计、施工监理和社会公众团体来定义和评估生态修复成功应该达到的水准。标准是需要的,因为生态系统恢复的科学和技术实践进展正因缺乏评判而受到阻碍。建立一套为各方(尤其为基金和执行机构)支持和接受的标准,可以吸引建设管理机构组织评估和报告修复的最终结果。

2. 内容

生态系统恢复与重建是根据生态学原理,通过一定的生物、生态以及工程的技术与方法,人为地改变和消除生态系统退化的主导因子或过程,调整、配置和优化系统内部及其与外界的物质、能量和信息流动过程及其时空秩序,使生态系统的结构、功能和生态学潜力尽快地恢复到正常的,或原有的乃至更高的水平。根据生态系统退化的不同程度和类型,可以采取恢复、重建和保护三种形式。第一,生态系统的结构和功能已受到严重干扰和破坏,影响经济的发展,采用人为措施恢复;第二,生态系统的结构和功能已受到严重的干扰和破坏,自然恢复有困难,需要进行人工生态设计,实行生态改建或重建;第三,对生态敏感、景观好、有重要生物资源的地区采用保护的方式。

(四)基本思路

生态建设是一项复杂的系统工程,其目的是建立一个新的持久的生态系统。如何运用生态学方法去建立新的生态系统以解决环境问题是目前的一大难题。生态系统的恢复和重建是基础与应用的统一,不仅需要对生态系统的退化有充分的认识和判断,更需要对自然生态系统规律有准确的把握和认识,是对"生态系统知识的严格检验",是生态研究的合成途径。生态系统恢复和重建实际上是生态系统的再发展过程。由于人类对生态系统有不同的生产利用,如不同资源的生产、环境保护等,这就要求有不同类型的生态系统的再发展,但都必须是与环境和经济发展相适应的,是可持续发展的。因此生态建设涉及的学科非常广,不仅有自然科学,还包括社会科学。单一学科已经无法解决生态建设的根本问题,必须在已有的生态学理论的基础上探索持续发展条件下的生态建设思路。生态建设应该以生物多样性为基础,以食物链结构为网络,构建不同层次、不同区域(环境)的生态链。在生态链的基础上构建产业链,使生态链与产业链有机整合,形成持续健康的区域社会经济发展能力。中国是世界上最大的发展中国家,目前正处在深化改革开放和西部大开发推进建设"一带一路"(the Belt and Road)的关键时期。黄土高原地区是我国生态环境恢复重建的重点区域之一,为了抑制生态环境恶化,实现黄土高原地区人口、资源、环境与经济的持续发展,必须摒弃过度消耗资源、破坏生态和牺牲环境质量为代价的传统发展模式,实施可持续发展的总体战略。

(五)基本原则

退化生态系统的恢复与重建要求在遵循自然规律的基础上,通过人类的作用,根据技术适当、经济可行、社会能够接受的原则,使受害或退化的生态系统重新获得健康,并有益于人类生存与生活。生态系统恢复与重建的原则一般包括自然法则、社会经济技术和美学原则三个方面:(1)自然法则是基本原则,不尊重自然规律的蛮干只能起到反作用;(2)社会经济技术的发展决定了生态系统恢复重建所能达到的水平与深度;(3)美学原则从人类感受与环境协调出发。可持续发展强调,实现人类未来经济的持续发展,必须协调人与自然的关系,努力保护环境。而作为人类生存和发展手段的经济,其增长必须以防止和逆转环境进一步恶化为前提,停止那种为达到经济目的而不惜牺牲环境的做法。但可持续发展并不反对经济增长,反而认为,无论是发达地区,还是贫穷地区,只有积极发展经济,才是解决当前人口、资源、环境与发展问题的根本出路。

高原地区作为生态环境恢复重建的重点区域之一,为了抑制生态环境恶化,实现人口、资源、环境与经济的可持续发展,必须摒弃过度消耗资源、破坏生态和牺牲环境为代价的传统发展模式,实施可持续发展的总体战略。

(六)生态系统恢复模式运行的内在机制

1. 生态系统恢复模式运行中的动力机制

"任何系统的运转都离不开动力的支持,没有动力的支持则系统难以运转。"生态系统恢复模式作为一个将各种要素组装起来的系统,其在运转过程中必然需要一定的推拉动力(包括内动力和外动力),否则,就难以成为一个有价值的模式。从主体因素来看,生态系统恢复模式运转所需要的动力主要来源于高原地区的各个主体对生活水平目标提高的追逐、对环境改善程度增大的希望和对经济不断发展及社会不断文明的期盼。而这些目标的实现过程,是一个耗费能量的过程(精神能和物质能),需要源源不断的能量补给。这种存在于能耗与能补之间的关系及确保这种关系的协调发展便成为动力机制运转的核心所在。

对于高原地区生态系统恢复主体来说,动力机制的运转能否顺畅首先涉及是否能够保证农民收入和地方财政在一个可以预见的未来有所增长,即从利益关系来看,农民是否因退耕而有奔头,地方政府是否因退耕还林而有干头。当然,不管是农民个人,还是地方政府群体,其生态系统恢复的方式及收入增长的来源渠道可以有多种,如直接增加产品产出、外部或上级主体的投资或资金拨入等。因为这关系区域内部主体的积极性问题,即动力生成问题。如果不能存在一个预期,或者不能出现一个理想的预期,则对区域主体缺乏刺激或者刺激不够,导致动力衰减,最终影响高原地区生态系统恢复模式的运转。因此,在生态系统恢复模式中,其动力机制运转的关键在于采取各种各样的措施来不断地培育动力,运用正确的方式来不断增强对区域主体的刺激(正的刺激或负的刺激),使之能够确保生态系统恢复模式运转所耗费的能量补给,从而保障黄土高原地区生态系统恢复模式的顺畅。

2. 生态系统恢复模式运行中的协调机制

生态系统恢复模式由许多个不同的子系统组成的,从构成模块来看,就有环境、经济、社会子系统等;从能量传输关系看,又有投入子系统和产出子系统。而在每个子系统内,也存在着许多个不同的单元,如在经济子系统内,就有农业经济单元、工业经济单元和商业经济单元等;在投入子系统内,也存在着物质要素投入单元和劳动力要素投入单元等。而每一个单元又存在着许多不同的部件,如农业经济单元中,有种植业生产、畜牧业生产和林业生产等。因此,要保持模式的良好运转,则各个部件、单元或者子系统之间就必须相互协调,密切配合,使之成为一个有机的整体。

事实上,生态系统恢复模式是一个开放型的系统,又是一个有机的整体,因而内部的各个子系统、单元或部件之间毫无疑问地存在着相互依存、相互联系的高度关联性。表现为：一是模式系统内的各个组成要素之间是通过分工与协作把各个功能相异的构成要素合成一个具有完整功能的，能够有利于实现当地可持续发展目标的系统。其要素、部件、单元及子系统之间的分工是紧紧围绕着当地可持续发展目标的实现所作出的，其相互协作也是由此而进行的相互配合，是对分工的一种落实。以资源利用子系统各个要素之间分工关系建立的基础，也是实现其相互之间有机配合和密切协作的关键。因此，建立和完善生态系统恢复模式运转中的协调机制，对增强模式的功能和提高模式的运转效率具有重要意义。

3. 生态系统恢复模式运转中的自我修复机制

修复机制是指生态系统恢复模式系统在推广或者运转过程中，由于外部环境与条件的变化，使得原有的或者既定的模式在某些方面因不能适应这些新的变化而自我作出的适当调整，使之在符合或者遵循自身内在演变轨迹的情况下，职能更加完善、作用更加强大。自修复机制的建立反映了事物发展过程中的动态演变规律，又说明了同类区域里的不同地域之间所存在着的一定差异，是既定模式在推广过程中对外在变化的一种本能反应，因而成为退耕还林生态系统恢复模式运转过程中的内在要求。

由于各种自然的(如自然环境的变化等)和社会的原因(如技术的进步、生产力水平的提高和生产关系的变革等)，社会经济系统总是处于不断变化的状态。生态系统恢复模式作为一种特殊的社会经济系统，自然也会在周围环境与条件的发展变化过程中，呈现出一个动态演进的状态。而这种演进的过程不能离开生态系统恢复模式的本质特点来进行，必须依循其内在的固有轨迹来展开。为此，在生态系统恢复模式的运转过程中，就必须构造和建立一种能够完成这种使命的机制。

建立生态系统恢复模式运转中的自我修复机制，主要存在着两个方面的原因：其一是从横向看，在同样一个类型区域，如西北的黄土高原丘陵沟壑区，虽然大的地形地貌相似，自然条件趋同，但各个县域之间仍然存在着一定的差异，或者是微气候条件上的差异，或者是社会经济发展水平上的区别，或者是文化背景与风俗习惯上的不同。这就要求各地不能完全照搬照套一个既定的模式，而应该根据当地的具体情况对模式作出适当的调整,使之更加符合推广地区的实际。如峁状丘陵沟壑区和梁状丘陵沟壑区同属于黄土高原丘陵沟壑区,但又有事实上的区别。其二是从纵向看,事物发展的动态性特征更加明显,尤其是生产力水平的不断提高和生产关系的不断调整,更是对一个模式成功与否的严峻挑战。如果模式不能对此作出自我调整和自我适应,那么该模式的生命力将十分有限。当然,在自我调整与自我修复的过程中,其方式和方法可以是多种多样的,如在模式内部引入新的成分,或者分化出新的子系统,或者增加新的要素,等等。总之,要运用一切办法使模式能够得以正常运转,并且保持在一个高效的和富有生机的运转状态。

（七）生态系统恢复模式优先行动项目

1. 确定自然封育地段,加快人工复合草地建设,促进生态系统恢复

封育,就是将某个生态区域封闭,禁止人类活动的干扰。比如封山,禁止垦荒、放牧、砍柴等人为的破坏活动,以恢复森林植被。这是一种很有效的自然恢复方法,因为在保护生态环境的过程中,最大的阻力就是人类,所以只要阻断人类活动,自然就能以其本身的恢复能力修复这个系统。自然封育适宜于自然条件差、治理难度大、经济效益差的区域。通过自然封育的植被,大多数是草灌乔混交的复合植被,其生态稳定性很高。自然封育不但生态效益好,而且花钱少、见效快,是一种多快好省的植被恢复方式,值得推广、应用。

人工复合草地是采用农业技术措施栽培而成的草地,可用于作青饲、青贮、半干贮或制作干草,也可直接放牧利用。人工复合草地分为一年生、二年生和多年生三类。农民可以利用冬闲地种草养畜,既能充分利用土地资源,增加收入,还能养地肥地,提高后茬作物的产量。为了克服人工植被建设中植被种类单一、抗逆性差、衰败后的潜在复垦(如紫花苜蓿草地)问题等,必须注重建立人工复合草地,在保证经济效益的前提下增强其生态稳定性。

2. 加大农业基础设施建设投资,建立社会化服务体系,推广庭院经济模式

农业基础设施建设一般包括农田水利建设,农产品流通重点设施建设,商品粮棉生产基地、用材林生产基础和防护林建设,农业教育、科研、技术推广和气象基础设施建设等。改善高原地区的农业生产条件,提高抗御天灾人祸的能力,降低农产品成本,增强农产品的市场竞争力。强化农业基础设施建设,是推动农村经济发展、促进农业和农村现代化的重要措施之一。在高原地区修梯田、蓄水拦泥坝,田间道路建设,在长城沿线风沙区着力改造中低产田,兴修水利,节水灌溉。

农业技术推广是现代农业科技转化为现实生产力的关键步骤,提高高原地区农业生产的科技含量,大力推动农业科技的快速应用。切实落实以科技为支撑和先导的发展理念,必须强化农技推广工作。同时发布市场信息,引导农民自觉主动地调整农业产业结构,促进区域资源优势的主导产业和支柱产业发展。随着产业化的发展,主要农作物、林果、草畜等的病虫害防治尤为重要,规模化经营的疫病传播对农业生产的打击将是毁灭性的。

庭院经济是从事高度集约化商品生产的一种经营形式,主要有种植业、养殖业、加工业。有的以一业为主从事专业化生产;有的种、养、加工并举,综合经营;有的利用有限空间发展立体种养业。高原地区土地支离破碎,难以进行大规模的生产经营活动,积极推广庭院经济模式是增加农民收入、提高土地生产效率和保护生态环境的有效手段之一。

3. 建立科技示范推广基地,不断扩大科技示范效益,发挥积极的示范引领作用

要充分发挥黄土高原地区相关省(区)的农业科研优势,联合当地科技力量,建立沿黄土石山区、丘陵沟壑区、沿线风沙区科技示范基地,建立草畜、红枣、马铃薯、杂粮杂豆、沙产业开发(设施农业建设)、果蔬、种子等示范基地,集产学研为一体,产加销相结合;积极申请农产品绿色食品标志,创建具有绿色标志的精品食物和外销创汇品牌产品,辐射、带动本区域农业的产业化规模经营和可持续发展。

随着"一带一路"倡议和退耕还林(草)政策的实施,黄土高原地区草畜业将会迅速发展,必须积极探索规模经营的模式,切实保护农民利益,加大市场引导、政府支持力度,将生产、加工、储运、销售、出口等产业链延长,使草畜业做强、做大,实现经济增长方式的转变,加快小城镇建设和农村剩余劳动力的有效转移。按照"立草为业,草畜配套"的发展思路,大面积实施人工种草,积极引导群众发展以牛羊为主的舍饲养殖,促进畜牧业快速发展。

（八）生态系统恢复研究的发展趋势

水土流失和荒漠化、环境污染、植被破坏、气候变化、生物多样性丧失等一系列世界性环境问题对人类的生存和经济的持续发展构成了严峻的威胁。即使能够加强对生态环境的管理，避免对自然资源的滥用，人类同样面临着重新恢复和发展已退化地区生态系统功能的迫切任务。20世纪50年代以来，有关恢复生态学的研究得到了迅速的发展，国际社会及各国都相继开展了有关恢复生态学的研究。联合国教科文组织人与生物圈计划（MAB）的中心议题，就是运用生态学的方法，研究人与环境的关系，特别是人类活动对生态系统的影响，以及人类参与下的资源管理、利用与恢复。全球变化与人口、资源、环境和经济的可持续发展已经成为国际社会和各国政府密切关注的焦点，成为21世纪国际科学界和政治界最为关注的重大研究课题。生态系统恢复研究本身就是针对全球生态退化问题提出的。全球及区域的生态改善和恢复一开始就被纳入全球变化研究领域，并作为其中的一个重要课题。尤其是关键区域生态系统演化与退化过程对全球变化的适应与响应已经引起科学界的广泛重视和关注，将成为未来生态系统恢复研究的一个重要发展趋势。

恢复生态学的研究可追溯到20世纪20—50年代，到80年代才得以迅猛发展。但相关研究毕竟只有几十年的历史，在理论和方法上还不够成熟，需要在众多领域进一步加强研究：（1）在基础理论研究方面，还缺少对不同退化生态系统的退化机理及过程的深入研究。需要获取有关的生态学参数，建立相应的数据库，系统地总结和完善有关恢复生态学的理论、原则、方法等。如生态系统结构、功能及其生态学过程与相互作用机理研究，生态系统稳定性、多样性、抗逆性、生产力、恢复力与可持续发展研究，不同干扰条件下生态系统的受损过程及其响应机制研究，生态系统退化的评价指标研究等。（2）在应用技术研究方面，强化不同退化生态系统的案例研究，建立包括系统辨识、规划设计、恢复重建、效益评价的专家系统，实现恢复重建工作的系统化、规范化。同时，要特别加强对退化生态系统的恢复与重建技术的研究，以满足不同退化生态系统恢复与重建的需要。在此基础上，对一些成功的恢复重建模式进行示范与推广研究，并进一步加强后续的动态监测、预测和评价研究。

我国春秋时期就有关于土壤侵蚀、毁林以及其他环境问题的记述。

南宋的陈旉在《农书·粪田之宜篇》中就曾提出土地退化问题。20世纪50年代末,有关专家开始注意到资源不合理利用及由此产生的生态环境问题,但直到80年代初,只在摸清资源家底,对资源质和量评价方面开展工作,也提出过有关退化生态系统恢复方面的问题,并进行了零散的小规模的试验。"七五"和"八五"期间,各研究部门分别从不同角度开展了有关恢复生态学的研究。

我国的恢复生态学研究,前期主要针对水土流失、风蚀沙化、草场退化及盐渍化对农林牧业的危害问题。近期有关生态系统退化的研究除继承前期的研究内容外,重点逐渐转移到区域退化生态系统的形成机理、计价指标及恢复与重建的研究上。"八五"至"十五"期间,中国科学院组织有关科研单位进行了"生态环境综合整治研究""西部地区生态修复与退耕还林还草研究""我国主要类型生态系统结构、功能及提高生产力途径研究"等研究项目,为地方自然资源的持续利用和生态环境的保护发挥了重要的作用。

这些研究成果在学术上丰富和发展了人工恢复和重建森林生态系统的理论,在热带亚热带地区得以大面积推广,对区域经济发展起了重要的作用。温带地区森林植被的恢复与重建主要是工程性的,如大面积人工防护林建设,研究重点主要在荒漠区。目前在气候变迁过程中的森林消失问题、种质资源、水分生态、抗旱造林、灌木林固沙等方面开展了一系列研究。如在沙区引种沙生灌木等方面取得了重大进展,在林草植被耗水与水分平衡等方面也积累了较为丰富的资料,这些成果对恢复黄土高原地区植被提供了有说服力的证据。

有关草地生态系统的退化及恢复改良研究,在我国起步也较早。基于20世纪50年代全国草地资源状况调查,关于草地退化的问题,国家开始了划区轮牧、以草定畜及退化机理分析方面的工作,探讨了有关的理论及防治的措施和手段。国家对退化草地的恢复给予了重视,针对高原地区自然条件进行了草地工程建设。而真正把草地生态系统的退化与环境、生物多样性保护联系起来,进行专业性的退化机理及其恢复机制的研究则是近些年才开始的,这些研究分地带,由多学科多专业的人员合作开展。研究地区主要包括干旱草原区、沙漠化草原区、高寒草甸区及黄土高原区,主要研究内容包括草地退化的触发因子、模式、程度,退化和恢复过程中土壤微结构、化学成分、养分、水分、植被及群落生产力的变化,退化草地恢复演替的驱动因素及退化草地恢复的模式、机理和措施手段。

有关农田生态系统的退化与恢复是最早的一个研究内容。在研究退化的恢复中以土壤恢复研究为主结合种植技术的创新,如土壤培肥,中低产田改造,模式化栽培,高产量、高质量、高效益的农业,保护栽培等。北方干旱半干旱地区和沙漠地区,主要对水分作深入的研究和改造,如地膜覆盖栽培技术研究与应用推广,沙地衬膜水稻栽培技术的研究推广等。此外,在采矿废弃地、湿地的恢复重建等方面开展研究。我国已经和正在开展的许多重大生态工程建设,如水土流失治理、沙漠治理、生态脆弱带综合整治、湿地恢复及荒山绿化等都属生态系统恢复的工作范畴。

随着社会经济的发展,遭到破坏的生态系统越来越多,退化的程度日益严重。现阶段,许多国家对退化生态系统的恢复与重建已经开展了大量的研究,获得了许多研究成果,但还没有形成系统的理论体系和技术体系。因此,退化生态系统的恢复与重建的研究仍需要进一步深入。现阶段恢复生态学的发展主要有以下几个方面:强调自然恢复与社会、人文的耦合恢复生态是全球性的,不只是自然的过程,应有全社会的支持,包括政治、经济和人文的介入。生态系统演化、退化机理研究生态系统退化已经成为影响世界各国可持续发展的重要问题。生态系统恢复研究是一门实践性、应用性极强的学科,其最终目的是要指导国家和区域生态建设实践。

经过近20～30年的发展,生态系统恢复研究已经得到了极大的发展,一些与之相关的边缘学科也相继产生,如景观恢复生态学(landRestoration ecology)、植被恢复生态学(vegetation restoration ecology)等,这表明生态系统恢复研究有着广阔的研究和发展前景。但其创立时间毕竟不长,无论是在理论还是在方法上仍然有待于进一步探索。生态系统恢复研究在方法上应更加注重多学科不同研究方法和手段的综合运用,对于恢复实践中被实践证明行之有效的新技术、新方法要及时地加以总结,从理论上进行提高,并设法进行推广和应用。除着重研究退化生态系统退化机理的研究及其恢复外,还需加强生态系统恢复在日常生活和生产中的应用,以增强恢复效果。

二、黄土高原地区生态系统恢复模式借鉴

(一)生态系统恢复模式发展

20世纪70年代,生态系统恢复研究取得了较大进步,以温带陆地淡水生态系统的退化与恢复研究为主。80年代以来,随着生态系统退化态势加剧,生态退化引发的环境问题日益增多,在不同区域先后实施了一系列生态系统恢复工程。同时加强了对退化生态系统演化退化与恢复机理、恢复方法及技术的研究,取得了一定的进展。近十多年来,国外在恢复生态学的理论与技术方面都进行了大量的研究工作。生态农业是运用生态学、生态经济学原理和系统科学的方法,把现代科学技术成就与传统农业技术的精华有机结合,把农业生产、农村经济发展、生态环境治理与保护、资源培育与高效利用融为一体,具有生态合理性、功能良性循环的新型综合农业体系,是一种可持续发展农业的模式。基于这一理念,必须恢复和重建已经受害的生态系统,改善陕北黄土高原地区生态环境,提高区域生产力。中国科学院、水利部水土保持研究所在宁夏固原市原州区上黄村建立的国家级农业科研试验示范基点,针对宁南半干旱山区存在的"干旱、低产、贫困和荒漠化加剧"的生态问题,以降水高效利用为中心,以优化农林牧结构和改善生态环境为基础,重点研究雨水集蓄利用,水肥关系协调,水肥利用率提高,形成大田节水模式和集水型果、菜集约化的高效农业技术体系;建造大面积灌木与草地放牧林,形成农牧结合的协调发展模式;总结出"三化两提高"(宜林荒山绿化、坡度梯田化、平川地高效集约化,农民科学文化素质和致富技能不断提高、生态经济效益不断提高)和"三大技术体系"(以结构调整和水肥高效利用为中心的旱作农业增产技术体系、以适宜干燥温凉山区种植名优经果林菜的高效庭院经济技术体系、以退耕种草舍饲养殖为基础的农牧结合技术体系)的"上黄经验"。走出了一条资源保护和科学利用相结合、生态环境全面改善与社会经济持续发展的路子,为黄土高原综合治理和宁南山区科技兴农提供了强大的科学技术支撑。

我国幅员辽阔,区域之间地形地貌、经济社会条件和农业资源差异很大,因此,因地制宜地选用适宜的生态系统恢复模式就显得十分重要。生态系统恢复模式主要是指通过吸收和总结国内外生态系统恢复与重

建的经验和教训,总结植物种类之间合理的组合与搭配,形成多功能复层的植物群落,通过合理开发和综合利用林草资源,建立协调和谐的生态系统,以提高各种资源的产出率和利用率;通过合理运用自然界的转化循环原理,建立无废物、无污染的生存环境;通过先进的技术和工艺,对农业、林业、畜牧业和渔业产品的加工和利用,并建立高附加值的生产过程;通过农业生态系统的结构和工艺的科学设计,物尽其用,节约资源。

模式是解决某一类问题的方法论。把解决某类问题的方法总结归纳到理论高度,那就是模式,是不断重复出现的事件中发现和抽象出的规律,类似于解决问题的经验的总结。宏观的模式往往是一些理论性的模式,其操作性较弱,对区域经济发展的直接指导作用相对欠缺。在我国的行政架构中,县便成为一个最重要的层次,是一个"微观中的宏观,宏观中的微观"。它既是国家机器权力传递架构中的"颈椎",直接承担着组织经济运作的任务,又管辖着一片相对广阔的地域,指导着更低层次政权机构和村民组织活动。

在一个县域内,各地地形地貌趋同,民情民风相似,生产与生活方式无别。从外部观察,一个县域往往更多地像一个相对独立的地域单元,是一个具有实在的功能、显著的特点和内部要素相互联结较为紧密的一个整体。再者,黄土高原地区生态系统恢复模式既是一个体系,又包含一套具体的操作方法。所以,设计黄土高原地区生态系统恢复模式,既具有针对性,便于概括、归纳和清晰内部结构,又能够赋予较强的操作性,使得模式及其整体运作方式、框架结构等在向外推展的过程中,更加容易、更加富有价值。建造黄土高原地区的可持续发展模式,除归纳共性外,还要因地制宜地总结个性,以便在未来的模式推广过程中制定和选用有针对性的具体措施,使之更加符合微观区域特征。依据黄土高原地区的差异和县域在我国行政架构与经济发展中所担负的重要功能,分别分析和探讨不同类型的生态系统恢复模式。现阶段推广的生态系统恢复模式是从实际出发而建立起来的一部分成功的发展模式,因而能够对该黄土高原地区的特点进行更为实际而客观的反映。

黄土高原地区由于气候、地域、人口、资源等因素的影响,呈现水土流失严重、景观破碎、土地退化、农业生态系统生产力低而不稳、天灾人祸频繁发生等严重的生态问题,这些因素严重制约着区域的可持续发展。从生态功能分区的角度坚持自然恢复理念,对区域进行退化生态系统恢复技术与模式的集成。生态系统恢复最关键的是系统功能的恢复和合理结构的构建。

(二)黄土高原地区生态系统恢复模式措施

黄土高原环境脆弱且经济发展水平低,如何探索不仅环保而且适应地方经济发展的战略措施是很重要的。黄土高原地区生态系统恢复模式作为一种成套的技术体系,在同类型区域里实现其在面上的大范围推广和应用,对加快黄土高原地区的发展、奠定黄土高原地区可持续发展的基础具有重要意义。为此,在认真分析各种影响生态系统恢复模式技术推广因素的情况下,科学分析该地区生态系统服务的现状与不足,依据一定的技术推广原理,选择合适的推广路径,运用良好的推广措施,并采取科学合理可行的生态系统恢复对策,无疑将会加快生态系统恢复模式技术推广的进程,为生态经济系统的协调可持续发展提供生态保障。从近期发展来看,制订能够加速黄土高原地区可持续发展模式推广的综合性方案,应该从以下几个方面着手。

1. 加强科技扶贫力度,强化可持续发展

生态系统恢复模式技术的影响根据"科学技术是第一生产力"的理论,要实现黄土高原地区的可持续发展,依靠和运用科学技术是一个必然的正确选择。对于黄土高原地区可持续发展的生态系统恢复模式技术而言,其推广的效果有赖于各级政府在黄土高原地区发展中的投入和执行。因此,加强科技投入的力度,对以可持续发展生态系统恢复模式为核心的综合技术的推广和黄土高原地区的发展具有重大的现实意义和长远的价值。加强黄土高原地区科技扶贫的力度,最主要的在于地方政府要树立"科学技术是第一生力"的观念。

首先,在人员配置上,一方面要继续坚持选派科技副厅(局)长、副县长、副乡长的干部使用制度,切实发挥科技人员的作用,建立科技服务于经济生产第一线的沟通与运行机制,尤其是在黄土高原地区,这种机制可以促使先进的科学技术与生产实际需要的直接对接,实现潜在生产力向现实生产力的转化。

其次,在科技费用的投入上,要保持不断追加的态势。着力提升高新产业层次,积极支撑发展方式转变;着力拓展科技创新源头,努力集成科

技创新资源;着力集聚高端创新人才,加快打造领军人才高地。促进科技创新和创业氛围,有效地优化创新制度与环境。努力推进知识产权战略,全面激发创新和创造力。

最后,在增加投入的同时,要明确投资的使用方向,尤其是要坚决树立以科技投资为主体的格局。

2. 运用各种措施,不断提高农民素质

在黄土高原地区,由于生态系统恢复模式技术的复杂性,对农民的能力要求相对较高,即农民的技术接受能力水平应该达到更高的程度,才能形成对技术的良好运用。否则,再好的技术也难以有效地推广并进而发挥其应有的作用。因此,提高农民的素质,尤其是技术素质,增强他们的技术接受与运用能力,对实现生态系统恢复模式的推广将会产生重要作用。从文化技术与经济发展的内在关系来看,两者之间所存在着的高度关联性已普遍为人们所接受和认可。这就充分说明了人们对文化在经济与社会发展中的重要性认识已经不单停留于感性的层面,而是上升到理性的高度。

农民是农业生产的主体,也是农业科学技术运用的主体,不可忽视农民的主体性和参与性。因此,增强农民群众对利用科学技术来摆脱贫困面貌的认同和感应,推进可持续发展局面的形成,营造基于微观主体上社会经济发展的良好环境,激发其内在主动性,并使之以真正的技术受体和技术的最终运用者的身份,参与到新技术的吸纳过程中来,对任何农业技术的推广具有重要意义。从这一角度来看,培育农民的技术接受和运用能力,对提高技术推广层次和推广范围、增强技术在可持续发展上的效应至关重要。

首先,要着力培养社会主义新农村的带头人、农技推广技术员、农民企业家和能工巧匠队伍,使他们成为带领农民共同致富的骨干力量。全力推进农村的文化素质教育,在继续巩固基础教育的基础上,大力发展职业教育及农村劳动力技能培训,逐步规范农民职业教育和再培训,为现代化、模式化、集约化农业产业准备合格的管理人才。尽快完善农村科技推广体系,引导农民利用市场,了解规模效益和规范化理念,形成社会化协作、一体化经营理念,提高经营管理能力。以先进文化充实农村和农民,注重文化导向性,培养新型讲文明、有文化、懂技术的现代农民,使广大农民群众分享到先进文化的成果。

其次,切实进行扫盲教育。农村中还存在着数千万的文盲人口,大部分分布在高原欠发达地区,成了阻碍社会经济发展的主要因素。单从影响技术接受能力方面来看,文化因素的基础性能够为技术的掌握和运用创造良好的条件。可以说,文化的层次性决定着技术运用与接受能力的高低。对黄土高原地区的农民来说,要增强其接受技术尤其是接受具有高度综合性的可持续发展模式技术的能力,奠定良好的文化基础便成为不可忽视的必要前提。现阶段,我国已建立了以政府为主导、社会群众广泛参与的扫盲工作机制。要充分发挥各级教育行政部门所设立的扫盲教育专门机构的作用,开办多种形式的扫盲培训班,改变以单纯识字为主要内容的传统扫盲方式,将扫盲与提高人们的生产、生活技能相结合,以广大农民喜闻乐见的形式,逐步扩大覆盖面。对农村劳动力中的成年文盲人口,要制订限期脱盲的实施规划。

再次,提高农民的现代职业素质。农民是农村的主体,要实现农业和农村现代化,建设社会主义新农村,就必须要有千千万万"有文化、懂技术、会经营"同时具有健康体质的新型农民。提高农民的技术接受和运用能力,应着眼于新生农民科技文化素质的提高,加快农村教育事业发展;着眼于增强农民的致富本领,认真搞好农民劳动技能培训;着眼于农村社会可持续发展,大力抓好村干部的培养。提高农民素质是一项长期的工程,需要各级各部门从思想上高度重视,积极发挥职能优势,实行齐抓共管;在方法上不断创新,充分体现县情实际,注重培训效果,真正通过培育出高素质的新型农民引领带动县域经济又好又快地发展。在长期的农业生产实践中,虽然农民作为一个相对独立的生产主体一直从事着农业生产活动,可以说已经较为熟练地掌握农业生产的方法,对农业生产的特点和特征较为熟悉。但是,那是一种传统生产的农业生产方式,依靠经验来实现农业生产活动的安排与操作,对技术的要求水平较低,与现代的农业生产方式存在着巨大的区别。而这种区别正是农业发展快慢和水平高低的本质所在,要缩小这一区别和差异,必须在农业技术教育上下功夫。因此,在黄土高原地区要开展各种各样的农业职业教育,要有针对性地发展农业职业教育,如开办农民夜校,聘请具有一定水平和掌握了一定现代农业技术的农村能人担任教师,以农民的身份,用农民的语言来传授初级的但又十分有效的现代农业技术。可采取"3+1"或"6+1"的普通教育与职业教育相结合的方式,即对完成3年初中教育而未能升入高中的毕业生,采取追加1年农业职业教育,对完成6年中学教育而未能升入大专院校的学生,采取追加1年的农业教育,使普通教育职业化,以最大限度地提高普通教育的投资效果。通过农业职业教育,可以有效地提高农民的科技素质,提升农民对现代农业技术的了解和掌握程度,强化其对可持续发展模式技术的吸纳能力。

最后,实施"三下乡五服务"活动。"三下乡五服务"活动是国家、省、市各级建设系统开展的以科技、规划、设计等"三下乡"和为农民建房、修路、改水、改厕、改善人居环境等"五服务"为主要内容的一项惠民活动。该活动的开展,不但是对农业、农村、农民工作的关注和支持,也有力地推进了农村城市化和建设社会主义文明村镇的健康发展。运用各种媒体或者"科技下乡"等形式,来开阔农民的知识视野,强化知识积累。围绕"三农"问题、"一带一路"倡议、科教支农、环境保护等社会热点,经常性开展"三下乡"活动,为地方政府出谋划策,为当地农民群众解决部分实际困难。一般而言,农业新技术的推广和农民对新技术的接受与运用有一个过程,包括知识、说服、决策、使用和确认5个阶段。知识阶段是潜在使用者认知新技术并了解新技术的功效阶段,是一个由积累而引发的过程;说服阶段是潜在使用者基于所得到的有关知识,对新技术能否使用形成某种态度或某种意识;决策阶段则是潜在采用者要作出是否采用新技术的决定;使用阶段是指农民引入新技术后所能够达到和获得的效用;确认阶段则是农民通过亲身使用新技术,对于新技术可否采用所作的一个结论。上述5个阶段存在着一个时间上的先后顺序问题,即由完成知识积累来引发,到最后的新技术是否运用的决策来结束。而完成知识积累的方式有许多种,但对黄土高原地区而言,运用各种媒体或者科技"三下乡五服务"等方式,如文化扶贫、电视扶贫、法制扶贫等,一方面积极向农民施加一定的知识影响,以强化积累;另一方面增强农民对新知识的主动需求,以迅速地完成积累过程。有了这一积累,就能够有效地缩短新技术应用在5个阶段中的时间耗费,减少时间成本,进而大大增强农民对可持续发展技术的吸纳能力和运用能力,为黄土高原地区的可持续发展奠定良好的基础。

3. 准确把握运行机制创新,完善考核评价及激励机制

激励机制是指对行为者的行为具有诱发、引导和鼓励功能的一系列内在原理和作用方式。对于黄土高原地区生态系统恢复模式技术的推广过程而言,不管是对技术推广者的行为主体,还是对技术接受者的行为主体,其双方之间的互动过程都需要有一定的激励。没有激励或者激励不够,其中的任何一个主体都会存在积极性缺失问题,从而影响黄土高原地区技术的推广和应用的效能,降低技术推广和应用的效率。因此,建立良好的激励机制,形成完善的激励体系,对生态系统恢复模式技术的推广和应用具有重要的意义。

面对新任务新要求,旧的基层农技推广体系已经严重不适应当前的农技与新模式的推广要求,管理体制不顺畅、机构设置不合理、在岗人员的能力建设严重缺乏等问题使农技推广体系难以发挥应有的作用。为此,应从以下几个方面入手对农民进行激励。

首先,在生态系统恢复模式技术的推广者方面,要构建良好的生态系统恢复模式技术的推广格局,就必须对技术推广者予以充分的激励与爱护。无论是现实还是未来发展,人才因素至关重要。因此,必须认真地找出原因,研究对策,才能使人才始终处于相对稳定状态。

其次,在生态系统恢复模式技术的吸纳和应用者方面,农民是技术吸纳和应用的主体构成部分。要提高农民对技术的吸纳欲望,使之产生强烈的技术需求心理。因此,一定的刺激和激励是必不可少的。在市场经济条件下,农民作为独立的生产经营主体,其具有追求经济收入最大化的特征。在对农民的激励措施的设计和运用中,必须以经济措施为中心来展开。

最后,在生态系统恢复模式技术的推广与应用过程中的管理者方面,采取一定的激励措施,对推进可持续发展技术的应用亦具有重要作用。良好的管理者并不是天然产生的,管理作用与管理功能的发挥与否及其效果大小,与对管理者是否进行激励具有极大的相关性。

4. 贯彻相关法律,发挥支撑作用

黄土高原地区生态系统恢复模式作为一种包含多种单项技术并将之有机整合为一体的综合性技术,要在黄土高原地区中的同类区域里迅速推广,认真贯彻和充分落实相关的法律法规尤为必要。从现阶段的情况

看,已有的并对技术推广和可持续发展产生重要影响的相关法律法规有多种,如《农业法》《农业技术推广法》《环境保护法》《水土保持法》《水法》《森林法》《草原法》《土地管理法》《退耕还林条例》《基本农田保护条例》《野生植物保护条例》等。这些法律法规在日常的农业发展中虽然起到了重要的支撑作用,但是在现实的社会与经济生活中,仍然存在着对障碍技术推广和可持续发展的许多行为的约束力问题。按照《农业技术推广法》的要求,为了确保农业技术推广活动的正常运作,各级政府应该在财政预算内加入保障和用于农业技术推广的资金,并应当使该资金逐年增长;应该通过财政拨款以及从农业发展基金中提取一定比例的资金的方式筹集农业技术推广专项资金,用于实施农业技术推广项目;任何机关或者单位不得截留或者挪用用于农业技术推广的资金;各级政府应当采取措施,保障和改善从事农业技术推广工作的专业科技人员的工作与生活条件,改善他们的待遇,依照国家规定给予补贴,保持农业技术推广机构和专业科技人员的稳定;等等。但是,实际的情况却是大相径庭,尤其是在黄土高原地区,由于财政资金捉襟见肘,农业技术推广单位和推广人员所需要的基本条件往往难以保证,"三无"(无办公场所、无试验地、无业务经费)情况普遍存在,而有些地方不仅停拨人头经费,而且还下达创收任务,要求上交一定的创收收入,使从事农业技术推广的推广人员人心惶惶,甚至另谋职业,导致农业技术推广效率低下,农业科技进步贡献率提升缓慢。

黄土高原地区有许多县的农技推广人员数量极少,推广经费几近为零,使得一些原来进行得很好的推广实验无法持续,农技人员下乡工作也因基本条件的缺失而无法开展。如"吴起模式"中,一些成熟的做法在周围县市的推广过程中,就受到了来自这一方面的影响。此外,《草原法》《森林法》《水土保持法》《防沙治沙法》《环境保护法》等在草地与农牧交错区的执行也比较困难。由于人们的法治观念较弱,法律意识淡薄,经常出现违法行为,如滥垦滥伐、乱挖乱采、排污、放污等,不法行为屡禁不止。执法过程中的有法不依和执法不严也成为阻碍可持续发展的重要因素。由此可见,在黄土高原地区,为了促使该地区环境恢复与整治的可持续发展,就必须认真贯彻和严格执行现有的相关法律,充分发挥法律在规范人们行为上的作用,切实避免因执法不严而造成的对区域可持续发展的不利影响。与此同时,要不断完善现有法律,出台新的法律,对一些不能适应现有情况的法律予以修正完善,要加紧研究制定有利于农业技术推广和可持续发展局面实现的新的法律规范,使黄土高原地区的可持续发展工作在法律法规的保护下得以正常和顺利地运行下去。

5. 建立健全技术推广服务体系,营造良好的推广环境

随着社会分工的日益深化,任何经济部门的发展必然离不开与其存在内在关联的其他部门的大力支持,没有其他部门有效的服务供给和高度协作,任何一个部门的发展都将十分低效。农业技术推广工作的进行同样如此,需要来自其他部门的大力配合。因为在市场经济条件下,在社会化程度方面,农业生产和农业技术推广越来越多,开放程度越来越高,与外部的关系也越来越密切。如果没有外部的紧密配合,即社会化服务的良好运作,则农业技术推广和可持续发展的实现必将存在一定障碍。

因此,发展农业社会化服务,对农业技术推广和可持续发展局面的形成以及农村经济实力的提升都将具有重要意义。农业社会化服务体系是指在农业经济发展过程中,为了确保由供应、生产、分配、消费所组成的农业再生产各个环节顺利进行而由其他主体提供的各类服务的总和。从现阶段来看,在黄土高原地区要建立有利于可持续发展模式技术推广的良好的社会化服务体系,就必须在利用原有体系网络的基础上,建立能够适应新情况和新形势的新体系。这种体系在黄土高原地区的县域范围内的主要特征将是以原有的县、乡农业技术推广服务的各种网站为主体。根据过去农业社会化服务体系的发展特点,结合黄土高原地区各个县域的实际情况,作为服务体系中的各个构成部分,在可持续发展生态系统恢复模式技术的推广上,应该目标明确、功能清楚。县级农技中心及有关技术部门作为农业社会化服务体系的中枢神经,在发展过程中,应该不断培育自己的网络神经,强化末梢感应,要使自己的链条不断向下延伸,同乡、村经济组织连接起来,形成上下相通的服务系统。同时,对于来自其他部门的服务提供,一方面尽量遵循市场化的运作原则,另一方面要有相应的政策投入,以形成发展合力,增强发展后劲。如按照农业产业化发展的模式,对于在本地区有潜力的开发项目,有的可以实行贸工农一体化;有的以商业部门为依托,实行农商合作;有的可以增

加科技投入为主攻方向,实行"技、政、物"紧密结合;有的则可围绕种植业、养殖业实行产前产中产后统一服务;等等。这些举措均可在营造良好的农业技术推广环境的过程中加速技术的推广力度,并由此而不断培育和壮大黄土高原地区的发展能力,使之走上可持续发展的道路。

第二节 加强生态经济的发展

一、加强生态农牧业发展

青海高原的农牧业发展,要始终坚持生态保护优先的原则,同时实现农牧业增效和农牧民增收的目标。因此,第一,要调整好畜牧业区域分工和生产力布局。要想改变传统畜牧业对生态环境的破坏,就要实现现代高效的生态畜牧业生产方式。第二,要加快优良畜种的培育和推广,重点推广藏系绵羊、牦牛等优势畜种,在提高草场利用率的同时,更好地发展绿色、有机、高品质的生态畜产品。第三,要继续加强封育禁牧、以草定畜等政策的实施,对适度放牧要实时进行监督和管控,以求恢复草地植被,建设优良草场。第四,对于未被人类和牲畜破坏的原始生态地区要坚决保护,禁止开发和进入,要始终保持其原始状态。第五,培育优良的饲草料品种,并加以推广,在条件允许的地区进行种植,以避免草料短缺对牛羊养殖的影响。第六,要延长产业链,进一步研究和开发生态畜产品的深加工,加工地点就选在当地,在吸纳就业的同时提高生态经济效益。[①]

农业方面要调整种植业结构,发展生态型、循环型的种植业,促进传统农业生产方式的转变,首先要通过发展优质马铃薯、青稞、杂交油菜、反季节蔬菜和汉藏药材等的培育和种植,以扶持青海高原地区绿色产品基地建设;其次要建立农业科技推广体系和农产品质量安检体系,政府要加强对农业生产方面的技术支持和市场支持;最后要加快推进农业产业化进程,借助互联网技术,广泛开展公司与农户、公司与基地等线上线下多种经营模式。

---

①段藻洱. 论青藏高原生态保护立法的完善[J]. 佳木斯职业学院学报,2016(10):156.

二、合理开发生态工业和生态后续产业

第一,充分利用青海高原地区丰富的风能、太阳能和水能资源,积极规划并争取在有条件的地区建设大型太阳能光伏电站和大功率风能发电站;第二,在肉、奶、油、薯、药等农畜产品深加工方面多加探索,并形成一定规模的有机优良品质加工业;第三,利用中藏药有利条件,积极发展医药工业,打造知名品牌,开发出具有一定市场竞争力的产品;第四,重点发展藏毯加工、民族服饰、手工编织、玛尼石刻、唐卡、腰刀、金银器加工等具有民族特色的工艺品、纪念品和礼品,形成民间工艺品规模化生产。

三、优化生态畜牧业经济发展

青海高原地区的生态畜牧业发展目前还处于小范围的试验阶段,要合理发展生态畜牧业,务必要做好传统畜牧业向现代畜牧业的转型升级。首先,必须做好广泛的动员宣传活动,充分挖掘生产要素整合潜力,合理把握精准扶贫工作的有利契机,深入宣传支农惠农富农政策和试验区建设的新途径、新模式,鼓励动员牧民群众加大草场、牲畜、劳动力等生产要素的整合力度。其次,要按照"缺什么,补什么"的原则,充分发挥部门之间的比较优势和联动作用,聚集整合各类项目资金,建立生产激励机制,利用资源优势,补齐发展短板,创造新的发展空间,最大限度地激发当地农牧民群众的生产热情和活力。另外,青海高原地区的生态畜牧业发展要以合作社为依托。根据目前生态畜牧业建设的实践经验,只有发展合作社才能对草场、牲畜等生产要素进行优化配置,在合作社统一管理的基础上,生态畜牧业才能实现良性、可持续的发展。最后,要深度提纯锤炼生态畜牧业发展模式,借鉴以往发展过程中积累的建设经验,逐步探索形成具有地区特色的一整套创新机制和经营模式,并将其复制推广,从而推进整个青海高原地区的生态畜牧业建设。

四、合理发展旅游经济

我国政策上"一刀切"的现象非常普遍,青海高原地区的生态和经济发展也深受其影响。就单从对旅游业的影响来说,为了保护生态,强制性地关闭了扎陵湖、鄂陵湖、阿尼玛卿雪山等众多景点。我们从当地相关负责人处了解到,果洛藏族自治州久治县往年的旅游收入占财政收入

的比重非常高,旅游业的发展也解决了当地不少居民的生计问题,强制性关闭部分景点后,对其经济发展产生巨大冲击。因此,在青海高原地区生态基础脆弱的基础上合理发展旅游经济显得尤为重要。

第一,按照高标准、高品位、高起点的要求编制青海高原地区生态旅游业发展规划,按照当前任务和长远目标合理安排旅游业发展布局,充分考虑景区承载力情况,对旅游人数等进行严格规定;第二,要加强所有旅游景区的基础设施建设,提升旅游接待能力和旅游服务水平,让旅客有满意的体验;第三,充分挖掘藏族特色文化,宣传民族工艺、服饰、建筑等文化内涵和魅力,开展民族民俗文化风情游项目;第四,增加交通、餐饮、通信、住宿、娱乐、休闲、购物等旅游配套服务的市场供给,打造高品位的生态旅游环境;第五,增加旅游景区管制人员,对旅客自身行为加以严格约束和管控,坚决禁止破坏环境的任何行为发生。

第三节 改善经济不合理行为

青海高原地区的牧民们越来越不愿意去离家较远的地方放牧,因此加剧了附近草场的破坏。必须控制合理的生态承载力,加强生态保护思想观念的指导,鼓励牧民们改变这种不合理的放牧行为。草畜矛盾一直困扰着青海高原地区生态和经济的协调发展。近年来人口增长速度过快,禁牧区面积较大,可利用草场面积逐年缩小。对于以传统农牧业为主导产业的青海高原地区来说,如不加快进行产业升级,不通过草、畜整合来释放多余劳动力的话,未来人均收入会面临下降的风险,很有可能会威胁到精准帮扶带来的伟大成果。通过草、畜整合等手段将多余劳动力转移至第二、三产业,进行肉类、奶类、毛制品等的简单加工、批发和零售。在青海高原地区,从事以上行业的大多数为外来人员,对于当地就业有一定影响。应当对当地有劳动能力的剩余劳动力进行培训和支持,鼓励他们投入第二、三产业的生产中。但是在实际考察中发现,青海高原地区第二、三产业部门的企业非常少,由于生存环境恶劣、交通不便等原因,外地企业很少愿意来此投资开办企业,这就凸显了当地人力资本的短板。对于由政府投资建立企业、置办机械设备等,通过招揽当地剩余劳动力进行生产加工,不但能解决经济不合理行为带来的负担,还能解决当地剩余劳动力的就业问题。[①]

第四节 积极建设民族生态文化

青海高原地区不仅是一个自然环境多样、生物多样的地区,更是一个具有民族文化多样性的区域,塑造深厚历史文化底蕴与时代精神相交融的先进文化,建立人与自然和谐相处的文化思维是建设民族生态文化的关键。

首先,以"讲卫生、讲文明、讲科学、讲法制、改陋习"为主要内容,打造一批物质生活与人居环境协调发展的先进生态文化示范村,以增强农牧民自觉保护生态环境,建设美好家园的意识为目的,对农牧民进行环保知识和可持续发展理念教育,引导农牧民学科学、用科学、反对迷信、远离愚昧,使其树立正确的生态价值观,再进一步引导其他村民向生态文化示范村学习。

其次,加快民族文化资源的挖掘与开发,充分挖掘古文化、民间工艺、医药、歌舞表演、绘画、建筑等艺术文化,并加大民族特色文化的扶持力度,争取得到国家和省级专项资金、人力资源以及相关优惠政策的支持,加快生态文化规模化、产业化发展步伐,建立特色文化品牌,通过现代科技手段进行大力宣传。

第五节 提高当地人口素质和劳务输出

青海高原地区群众受教育水平普遍低下,人力资本和劳务输出严重不足,增加支教、支医等岗位,增加事业编制留住人才,大力发展各种教

---

①上官周平,王飞,咎林森,等.生态农业在黄土高原生态保护和农业高质量协同发展中的作用及其发展途径[J].水土保持通报,2020(4):335-339.

育,是推进当地农牧民人文发展水平的需要。

青海高原地区的文盲率远高于全国平均水平,而且受教育程度主要为小学程度,高中及以上程度的人口比率远低于全国平均水平,这在很大程度上制约了当地经济的发展。另外,受到根深蒂固的"官本位"思想的影响,那些少数的受教育程度较高的人员会优先选择公务员、事业单位类岗位,愿意从事一线生产技术员工的人才很缺乏。

个人拥有的人力资本可以为自身带来内部收益,更重要的是个人人力资本有助于提高生产要素的生产率,是经济发展的重要推动力量。由于受教育水平的限制和思想观念的影响,青海高原地区缺乏优秀的经济带头人和具有创新精神的企业家,所以,民营经济的发展受到限制。因此,提高教学质量、强化人才培训对当地经济的发展尤为重要。增强当地人口素质,增强劳务输出,提升经营主体自身能力迫在眉睫。同时,通过采取"请进来、走出去"的方式,充分发挥"智囊团"和大学生领办民营企业的智力支撑作用,着重强化基层管理、市场营销、财务管理、技术人员的知识更新与创新理念,培养懂技术、善经营、会管理的新型职业农牧民。

第六节 加强生态文明制度建设

制度能够引导人类的经济行为,制度创新能够推动经济社会的发展。青海高原地区生态与经济的协调发展需要依托生态文明制度建设,需要健全和加强文化教育制度、行政组织制度、法律制度、经济制度和科技制度。

党和政府高度重视生态文明建设。中国共产党第十八次全国代表大会以来,以习近平同志为核心的党中央,视建设生态文明为中华民族永续发展的根本大计,将生态文明建设与经济、政治、文化与社会建设一起纳入中国特色社会主义事业"五位一体"总体布局。中国大力树立和践行"绿水青山就是金山银山"的理念,像对待生命一样对待生态环境,坚持走文明发展之路,努力建设美丽中国。①

　　青海高原地区生态文明建设,对推动高原可持续发展、促进我国和全球生态环境保护有着十分重要的影响。党和政府始终坚持生态保护第一,将保护好青海高原地区生态作为关系中华民族生存和发展的大事。目前,青海高原地区生态文明制度逐步健全,生态保育成效明显,环境质量稳定良好,绿色产业稳步发展,科技支撑体系基本建立,生态文化逐渐形成,青海高原地区生态文明建设示范作用正在显现。

一、生态文明制度逐步健全

　　随着国家生态文明建设的不断推进,青海高原地区生态文明建设相关政策和法规日益完善,高原生态文明制度体系逐步健全。

(一)生态文明建设法律法规逐步完善

　　近年来,国家制定或修改了《环境保护法》《大气污染防治法》《水污染防治法》《固体废物污染环境防治法》《环境保护税法》《环境影响评价法》《野生动物保护法》《水法》《气象法》《草原法》等。这些法律的制定和实施,为青海高原地区生态环境保护与区域社会经济发展提供了重要的法律制度保障。

　　2015年,《中共中央国务院关于加快推进生态文明建设的意见》和《生态文明体制改革总体方案》发布,提出生态文明建设和生态文明体制改革的总体要求、目标愿景、重点任务和制度体系,明确了路线图和时间表。目前,中国已建立起覆盖全国的主体功能区制度和资源环境管理制度,对省以下环保机构监测监察执法实行垂直管理,并全面实行河长制、湖长制及控制污染物排放许可制。开展按流域设置环境监管和行政执法机构试点,增强流域环境监管和行政执法合力,实现流域环境保护统一规划、统一标准、统一环评、统一监测、统一执法。确立生态文明建设目标评价考核、领导干部自然资源资产离任审计等监督机制,形成环保职责明确、追究严格的责任制度链条,落实"党政同责""一岗双责"。推动建立生态保护红线制度,制定自然资源统一确权登记、自然生态空间用途管制办法和全民所有自然资源资产有偿使用制度改革的指导意见,

---

①何文清,高旺盛,董孝斌. 论黄土高原生态保护与农业生产的协调发展[J]. 干旱地区农业研究,2004(1):183-187.

推进"多规合一"、国家公园体制等试点。健全生态保护补偿机制,设置跨地区环保机构生态环境损害赔偿制度改革试点。

与此同时,西藏、青海、四川、甘肃、云南等省区结合高原实际,制定了与生态文明建设相关的地方性法规和实施办法;西藏自治区制定了《关于着力构筑国家重要生态安全屏障加快推进生态文明建设的实施意见》《关于建设美丽西藏的意见》《西藏自治区环境保护考核办法》等;青海省制定了《青海省生态文明制度建设总体方案》《青海省生态文明建设促进条例》《青海省创建全国生态文明先行区行动方案》等;四川省制定了《四川省自然保护区管理条例》等;甘肃省制定了《甘肃祁连山国家级自然保护区管理条例》等;云南省制定了《迪庆州"两江"流域生态安全屏障保护与建设规划》《滇西北生物多样性保护行动计划》等。青海高原诸省区生态文明制度体系基本形成。

(二)自然保护地体系初步建立

自然保护地体系是保护生物多样性、维护自然资本和生态系统服务、保障国家乃至全球民众福祉的重要管理手段。目前,青海高原地区自然保护地体系正在由以自然保护区为主体向以国家公园为主体转变。

随着生态文明体制改革的深入推进,中国政府提出建立以国家公园为主体的自然保护地体系。

(三)生态补偿制度得到确立

生态补偿制度是国家保护生态环境的重要举措。国家在高原地区建立了重点生态功能区转移支付、森林生态效益补偿、草原生态保护补助奖励、湿地生态效益补偿等生态补偿机制。

国家对青海省生态建设投入力度不断加大。自2013年起,中央财政累计安排资金164亿元,陆续实施了草原、森林和湿地等生态效益补偿类项目。为实现生态保护和经济发展有机结合,青海省推出生态公益管护员制度,每年安排补助资金8.8亿元。"十二五"以来,青海省有62.23万户农牧民住房得到改善,162.4万人喝上洁净水,65万无电人口用上可靠电,人民生活水平得到较大改善。云南省迪庆州自2009年起实施公益林生态效益补偿制度,至2017年国家累计补助资金达11.03亿元。2017年,四川省甘孜州和阿坝州有效管护集体公益林分别为128.23万公顷和

69.60万公顷,公益林森林生态效益年度补偿资金分别为2.84亿元和1.54亿元。

二、生态保育成效显著

20世纪60年代以来,特别是90年代以来,我国政府在青海高原地区部署了类型多样的生态保育工程,包括野生动植物保护及自然保护区建设、重点防护林体系建设、天然林资源保护、退耕还林还草、退牧还草、水土流失治理以及湿地保护与恢复等。西藏自治区实施了生态安全屏障保护与建设工程和"两江四河"(雅鲁藏布江、怒江、拉萨河、年楚河、雅砻河、狮泉河)流域造林绿化工程等。青海省实施了祁连山"山水林田湖草"生态保护修复工程、青海湖流域生态环境保护与综合治理工程、三江源生态保护和建设等重点生态工程。一系列生态建设工程的实施在生态保育方面取得了积极效果,生态系统退化的趋势得到控制,生物多样性持续恢复,一些重点生态工程区的生态功能全面好转。

(一)生态退化得到有效控制

高寒草地是青海高原地区最主要的生态系统类型,发挥着重要的生态安全屏障功能,也是高原畜牧业的基础。由于气候变化和超载过牧等原因,高寒草地不断退化。至20世纪80年代中期,西藏自治区和青海省的草地面积为82万平方千米。此后,随着退牧还草、草原生态保护补助奖励政策以及草原鼠虫害防治等一系列草地生态保护建设工程的陆续实施,青海高原地区草地保育成效逐步显现。研究表明,1982—2009年,青海高原地区草地覆盖度和净初级生产力总体呈增加态势,草地覆盖度增加的区域约占草地总面积的47%,净初级生产力明显增加的面积达32%以上。近十年来,草地生态系统稳定向好。

青海高原地区森林主要分布在滇西北、藏东南、川西、甘南和青海东部地区。1950年以来,森林资源在面积、蓄积、类型及空间分布格局等方面均发生了显著变化。2016年第九次全国森林资源清查结果显示,西藏林地面积达1 798.19万公顷,森林面积为1 490.99万公顷,森林覆盖率为12.14%,活立木总蓄积为23.05亿立方米,与2011年第八次全国森林资源清查结果相比,林地与森林面积分别增加了14.75万公顷和19.87万公顷,森林覆盖率提高0.14个百分点,森林蓄积量增加了2 047万立方米,实现了森林面积和蓄积"双增"。

青海高原地区是中国湿地分布最广、面积最大的区域。1990年,青海高原地区湿地面积约为13.45万平方千米。1990—2006年,青海高原地区湿地呈现出持续退化状态,以每年0.13%的速率减少,总面积减少了约3 000平方千米。2006年以来,在湿地保护与自然因素综合作用下,湿地面积明显回升。至2011年,仅西藏自治区和青海省湿地面积已达14.67万平方千米,湿地退化态势总体上得到遏制。至2014年,青海省湿地面积达8.14万平方千米。近年来,随着保护力度的加大,湿地生态系统进一步好转。

(二)生物多样性保护成效显著

青海高原地区是全球生物多样性最丰富的地区之一。高原特有种子植物3 760余种,特有脊椎动物280余种,珍稀濒危高等植物300余种,珍稀濒危动物120余种。已建立的自然保护区,有效保护了青海高原地区特有与珍稀濒危的动植物及其生存环境。

珍稀濒危物种种群的恢复与扩大是生物多样性保护成效的明显标志。研究表明,青海高原地区黑颈鹤、藏羚羊、普氏原羚、野牦牛、马鹿、滇金丝猴等的个体数量正在稳步增加。雅鲁藏布江中游河谷黑颈鹤国家级自然保护区自建立以来,到此越冬的黑颈鹤逐年增加,约占全球黑颈鹤数量的80%,这里已成为全球最大的黑颈鹤越冬地。羌塘高原藏羚羊个体数量从2000年的6万多只恢复到2016年的20万只以上,野牦牛个体数量由保护前的6 000多头恢复到2016年的80多万头。白马雪山国家级自然保护区滇金丝猴个体数量由保护区建立前的约2 000只恢复到2014年的约2 500只。此外,在一些地方还发现新的珍稀濒危物种。国际上认为早已灭绝的西藏马鹿,1995年在西藏自治区桑日县被重新发现,且个体数量不断增加。高黎贡山国家级自然保护区发现极度濒危物种怒江金丝猴,尕海—则岔国家级自然保护区监测到黑头噪鸦等。

改善生物栖息地是生物多样性保护的基础,青海高原地区植被改善在整体上提升了野生动物栖息地环境质量。1998—2009年,珠穆朗玛峰国家级自然保护区核心区植被明显好转。2005年以来,三江源自然保护区荒漠化得到遏制,湿地面积增加,植被生态状况改善,野生动物栖息地破碎化趋势减缓且完整性逐步提高,生态环境明显好转。尕海—则岔国家级自然保护区内的尕海湖面积由2003年的480公顷增加到2013年的2 354公顷,且近年来基本保持在2 000公顷,水域面积增加促进了水禽类的繁衍生息。

(三)重点生态工程初见成效

2009年,国家批准《西藏生态安全屏障保护与建设规划(2008—2030年)》,在西藏实施保护、建设和支撑保障三大类10项工程,截至2017年底已累计投入96亿元。一期工程(2008—2014年)初步建成西藏生态工程的主体框架,部分重点工程已取得明显的生态环境效益,生态系统服务功能逐步提升,生态屏障功能稳定向好。2005年,国家启动三江源自然保护区生态保护与建设工程,截至2017年底已累计投入80亿元。2013年完成一期工程,草地退化趋势得到初步遏制,水体与湿地生态系统整体恢复,水源涵养和流域水供给能力提高。与2004年相比,长江、黄河、澜沧江三大江河年均向下游多输出58亿立方米的优质水,为区域经济社会发展提供了有力支撑。

三、环境质量持续稳定

国家及地方政府在流域综合治理、农村与城镇人居环境改善、工矿污染防控等方面实施了一系列的环境保护工程。青海高原地区环境质量及人居环境持续向好。

(一)水环境质量稳定良好

青海高原地区是亚洲多条主要江河的源头区,也是中国水资源管理和水环境保护最严格的区域之一。国家不断加大对青海高原水环境保护力度,主要措施包括:编制重要水域综合规划,划定江河湖泊水功能区,明确水域功能和水质保护目标,核定重要江河湖泊水功能区纳污能力和限排总量,实行最严格的水资源管理制度。建立省(区)、地(市)、县(区)三级行政区考核指标体系,推进水生态环境保护与修复,保障青海高原水生态环境安全。

近年来,实施小流域生态综合治理、坡耕地水土流失综合整治等工程,新增水土流失治理面积1 730平方千米。实施三江源、青海湖、祁连山生态保护等工程,每年向下游输送600亿立方米的优质水。目前,青海高原地区主要江河湖泊基本处于天然状态,水质状况良好。

（二）土壤功能有效提升

青海高原地区是全球受污染最少的地区之一，土壤环境总体处于自然本底状态。土壤类型和重金属元素含量受控于成土母岩性质和气候条件，人类活动的影响较小。高原湖泊沉积物中铜、镍、铅等重金属元素含量低于人类活动频繁区湖泊沉积物。从耕地土壤来看，西藏大部分耕地土壤重金属元素含量优于国家一级土壤标准。

随着生态建设与环境保护相关措施的逐步实施，青海高原地区土壤生态功能得到有效提升。近50年，中国草地土壤碳储量呈波动式增加趋势，其中青海高原地区草地土壤碳储量的贡献最大（63.1%），高原高寒草地3米深的土壤无机碳库约占全国土壤无机碳库的70%。从水源涵养能力看，青海高原地区年均水源涵养量达3 450亿立方米。三江源生态保护与建设一期工程完成后，林草生态系统年均水源涵养量比工程实施前增加了15.60%；围栏封育等措施也促进了土壤有机碳、土壤水分、土壤微生物环境等性状改善。

（三）大气环境保持优良

青海高原地区人类活动强度较低，空气质量受人类活动影响较小，污染物种类较少，浓度较低，各类污染物含量与北极地区相当。随着绿色能源推广、生态城镇建设和农村环境综合治理的不断推进，青海高原地区空气质量进一步改善。目前，青海高原地区仍然是地球上最洁净的地区之一。

（四）人居环境显著改善

目前，青海省城市生活污水处理率、生活垃圾无害化处理率分别达到78.02%和96.69%，城镇人居环境明显改善。四川省甘孜州实施"垃圾污水三年行动"，2017年落实地方政府专项债券资金2.75亿元用于新型城镇化建设。截至2017年底，四川省阿坝州共投资5.85亿元用于建设污水、垃圾处理设施；云南省迪庆州禁止在辖区内销售、提供、使用不降解的塑料制品，水污染、土壤污染和大气污染治理取得明显成效；甘肃省甘南州已投入52.46亿元，实施703个生态文明小康村建设项目，改善了这些村基础设施、公共服务、社会保障和生态环境等生产生活条件。

四、绿色产业稳步发展

为保护脆弱生态环境,青海高原地区各省区努力控制资源开发利用强度,在保持良好环境质量和生态文明建设较高公众满意度的同时,努力探索绿色发展途径。目前,青海高原地区各省区以循环经济、可再生能源、特色产业为特点的绿色发展模式已初步建立,绿色发展水平不断提高。

(一)绿色生产初具规模

青海高原地区经济发展坚持走生态环境友好、资源节约集约的道路,努力形成绿色发展方式。

国家在青海省设立了柴达木循环经济试验区、西宁经济技术开发区2个国家级循环经济试点产业园。柴达木循环经济试验区形成了盐湖化工、油气化工、金属冶金、煤炭综合利用、新能源、新材料、特色生物等产业,园区资源集约利用水平不断提升;西宁经济技术开发区基本形成了有色金属、化工、高原生物制品、中药(含藏药)、藏毯绒纺等产业,园区发展的质量和效益不断提高,示范带动作用明显。通过大力推动国家循环经济发展先行区建设,绿色产业框架初步构建,产业链条不断延伸,基础设施逐步完善。

西藏自治区依托资源优势,加快产业结构优化升级,制定了《西藏自治区循环经济发展规划(2013—2020年)》,大力发展清洁能源、旅游、文化、特色食品、天然饮用水,以及交通运输、商贸物流、金融、信息服务等绿色低碳经济。2016年,拉萨市被列为国家循环经济示范城市,目前正按照国家审定的《西藏自治区拉萨市循环经济示范城市创建实施方案》推进试点示范建设。

云南省迪庆州依托优势资源,实施食品、药品、饮品、观赏品四大工程和绿色产业园区建设,全州生物产业呈现蓬勃发展的态势。甘肃省甘南州按照区域生态功能区的定位,确立"生态立州"战略,明确了绿色产业发展方向。

(二)特色农牧业优势凸显

青海高原地区各省区着力发展特色农牧业,培育绿色、有机农畜产品品牌,建设生态农牧业试验区。特色农牧业已成为青海高原绿色经济的重要组成部分。

2004年以来,国家累计投入30余亿元,在西藏实施青稞、牦牛、藏药材等10多类450多个农牧业特色产业项目,培育龙头企业100多家,实现农牧民增收11.82亿元,使175.4万人受益。西藏自治区推动地理标志产品认证,培育特色品牌,加快特色农牧产业发展。目前已有帕里牦牛、岗巴羊、隆子黑青稞、察隅猕猴桃、波密天麻等10多个农牧地理标志保护产品获得国家有关部门认证。

青海省着力打造粮油种植、畜禽养殖、果品蔬菜和枸杞沙棘"四个百亿元"产业。种植业"粮经饲"三元结构加快优化,全国草地生态畜牧业实验区建设稳步推进,现代农业示范区和产业园加快建设。截至"十二五"末,全省家庭农牧场发展到1 879家,各类合作社发展到8 876家,培育农牧业龙头企业451家。特色作物种植比重达到85%,农作物、畜禽和水产品良种覆盖率分别达到96%、62%和95%。无公害、绿色和有机农畜产品年生产总量达109万吨,农产品质量追溯体系逐步建立。东部特色种养高效示范区、环湖农牧交错循环发展先行区、青南生态有机畜牧业保护发展区和沿黄冷水养殖适度开发带"三区一带"农牧业发展格局初步形成。

甘肃省甘南藏族自治州实施藏区青稞基地及产业化工程和高原优质油菜、高原中药材(含藏药材)基地建设,加快发展特色种植业、经济林果业和林下产业;四川省甘孜州、阿坝州实施生态文明建设与发展生态农业有机结合,打造特色农牧业和特色林果业"两个百万亩"产业基地,以及花椒、森林蔬菜、木本药材等特色种植基地;云南省迪庆州高原特色农业种植面积达9.07万公顷,2017年产值达19亿元。

(三)绿色能源产业快速发展

青海高原地区拥有丰富的水能、太阳能、地热能等绿色能源。近年来,青海高原地区各省区基本构建了以水电、太阳能等为主体的可再生能源产业体系,保障了区域经济发展与环境保护的协调推进。

青海高原地区条大江大河流经高山峡谷,蕴藏着丰富的水能资源。西藏水能资源技术可开发量为1.74亿千瓦,位居全国第一,近年来建成了多布、金河、直孔等中型水电站,至2017年底,全区水电装机容量达到177万千瓦,占全区总装机容量的56.54%。青海水能资源技术可开发量为2 400万千瓦,建成了龙羊峡、拉西瓦、李家峡等一批大型水电工程,至

2016年底,青海省水电装机容量达1 192万千瓦。四川省甘孜州和阿坝州水能技术可开发量约5 663万千瓦,已建成水电总装机容量达1 708万千瓦。青藏高原是世界上太阳能最丰富的地区之一,年太阳总辐射量高达5 400~8 000兆焦/米²,比同纬度低海拔地区高50%~100%。青海省在柴达木盆地实施数个百万千瓦级光伏电站群建设工程,打造国际最大规模的光伏电站。截至2016年底,青海光伏发电装机容量达682万千瓦;2014年,西藏被国家列为不受光伏发电建设规模限制的地区,优先支持西藏开发光伏发电项目;到2017年底,西藏光伏发电装机容量达79万千瓦;四川省甘孜州和阿坝州太阳能可开发量超过2 000万千瓦,已建成投产35万千瓦光伏电站。

(四)旅游业助力绿色发展

青海高原地区独特的自然与人文景观,为旅游业发展提供了丰富资源。旅游发展带动了餐饮、住宿、交通、文化娱乐等产业的发展,促进了文化遗产保护、传统手艺传承和特色产品开发。旅游业已成为青海高原地区实现绿色增长和农牧民增收致富的重要途径。

青海高原地区各省区在生态保护第一的前提下,大力发展特色旅游业,推进全域旅游,加快旅游基础设施和配套设施建设,提升旅游业开放水平,促进旅游业与文化、体育、康养等产业深度融合。西藏自治区依托自然保护区、国家森林公园、国家湿地公园建设发展生态旅游,打造全域旅游精品路线。四川省开发大九寨、大草原等旅游经济圈,推动阿坝州、甘孜州国家全域旅游示范区建设。甘肃省大力培育山水生态游、草原湿地游等,甘南藏族自治州开展全域旅游无垃圾示范区建设,努力实现旅游业发展与生态环境保护双赢。

2017年,西藏自治区共接待游客2 561.4万人次,旅游收入达379.4亿元,占当年全区国内生产总值的28.95%;青海省接待游客3 484.1万人次,旅游收入达381.53亿元,占当年全省国内生产总值的14.44%。2017年,云南省迪庆州接待游客2 676万人次,旅游收入达298亿元。甘肃省高原区域接待旅游人数、旅游收入连续7年保持两位数增长,2017年接待游客1 105.6万人次,旅游收入达51.35亿元。

五、科技支撑体系基本建立

中华人民共和国成立以来,青海高原地区科学研究经历了从局部到整体、从单学科研究到综合研究、从国内合作到国际合作的发展过程,现已形成较高水平的科研力量,建成了较为完备的生态与环境监测体系。在青海高原地区社会经济发展和生态文明建设中,科技发挥着越来越重要的支撑作用。

(一)一流的科技队伍与科技成果

我国科技工作者从20世纪50年代开始对青藏高原局部地区开展短期、小范围的科学考察。20世纪70年代初至80年代末持续开展了大规模的综合科学考察,获得了数百万字的第一手科学考察资料,出版了囊括43部专著的《青藏高原科学考察丛书》,成为第一套青藏高原百科全书。早在1978年全国科学大会上,中国科学院青藏高原综合科学考察队就获得了国务院嘉奖。青藏高原隆起及其对自然环境与人类活动影响的综合研究于1987年获国家自然科学一等奖。20世纪90年代以来,结合青藏高原社会经济发展、生态环境建设的需求,开展了区域资源合理开发、生态环境恢复与治理、社会经济发展规划等研究工作,并对青藏高原的形成演化、影响等科学问题开展了相关学科的系统研究。第二次青藏高原综合科学考察研究将持续为高原生态文明建设提供全面科技支撑,聚焦水、生态、人类活动,着力解决青藏高原资源环境承载力、灾害风险、绿色发展途径等方面的问题。

几十年来,以中国科学院为主的科技队伍在青藏高原基础研究及应用研究方面取得许多开拓性科学成就。例如,刘东生院士在青藏高原隆起与东亚季风变化研究的基础上,建立了构造-气候科学学说;叶笃正院士提出青藏高原在夏季是热源的见解,开拓了大地形热力作用研究,创立了青藏高原气象学。这些创新成果推动了相关学科的发展,在区域社会经济发展、基础设施建设和生态环境建设中发挥了科技支撑作用。

目前,中国已拥有一支积累雄厚、学科配套、老中青相结合的从事青藏高原研究的科技队伍,其中,刘东生、叶笃正和吴征镒分别荣获2003、2005和2007年国家最高科学技术奖,孙鸿烈荣获2009年"艾托里·马约拉纳-伊利斯科学和平奖",姚檀栋荣获2017年"瑞典人类学和地理学会维加奖"。他们关于青藏高原的研究成就享誉国际。

(二)日益健全的生态与环境监测体系

为监测青海高原地区的生态环境变化,我国建立了较为完备的监测体系,包括中国生态系统研究网络、高寒区地表过程与环境监测研究网络,以及环保、国土、农业、林业、水利、气象等专业观测网络,形成了天地一体化的监测预警体系。中国生态系统研究网络在青海高原地区及周边建有森林、草地、农田和荒漠等8个不同生态系统类型的观测台站,对高原生态系统变化开展长期的定位监测,揭示生态系统及环境要素的变化规律及其动因。高寒区地表过程与环境监测研究网络实现了对青海高原地表环境变化过程的连续监测。在一些重点区域,如三江源地区,相关部门构建了"星—机—地"生态综合立体监测与评估系统,建立了该区域时间序列最长、数据项最全的高质量数据库。生态环境监测网络的健全与数据质量的提高,促进了环境管理水平和效率的大幅提升。

(三)科技支撑绿色发展

在青海高原地区经济社会和生态文明建设中,科技的支撑作用日益显现。青藏铁路的建设和运营是科技创新引领绿色发展的标志性工程。青藏铁路格尔木—拉萨段(格拉段)全长1 142千米,工程建设面临冻土消融、高寒缺氧、生态脆弱三大世界性工程难题。格拉段穿越连续多年冻土区546.4千米,基于大量观测数据和科技成果,科技人员设计采用了以桥代路、片石通风路基、通风管路基、碎石和片石护坡、热棒、保温板、综合防排水体系等措施,保障了铁路修建。青藏铁路穿越可可西里、三江源、色林措等多个国家级自然保护区,为保护藏羚羊等野生动物的生存环境,铁路全线建立了33处野生动物专用通道;为保护沿线生态环境,采取了沙害治理、植草绿化、草皮移植等一系列生态保护措施。青藏铁路建成运营后,多年冻土保持稳定,铁路两侧生态得到持续恢复,局部区域已接近甚至优于周边自然状态。青藏铁路建设成就在国际上获得高度评价:政府间气候变化专业委员会(IPCC)第四次和第五次《气候变化评估报告》认为,青藏铁路为其他国家和地区建设适应于气候变化的绿色铁路提供了成功案例;美国《科学》杂志2007年4月27日刊文指出,青藏铁路终将提升中国西部生态、社会、经济的可持续发展,它不仅是一个铁路工程,更是一个生态奇迹。"青藏铁路工程"获得2008年度国家科技进步奖特等奖。

在三江源区退化生态系统的治理过程中,科学技术发挥了强有力的支撑作用:三江源"黑土滩"草地恢复技术体系,使"黑土滩"治理取得突破,相关科技成果获国家科技进步奖二等奖;牧草品种的原种籽栽培技术,为典型退化草地治理和人工种草提供了优质草种。

藏医药是维护高原人民健康的宝贵财富,也是青海高原地区发展特色经济的重大优势资源。为促进藏医药标准化、现代化和产业化发展,科技部门大力推动藏药材人工种植及野生抚育等关键技术研究与示范工作,积极开展藏医药基础及应用研究,不断完善藏医药标准和检验监测体系。在疾病防治、药物研发、养生保健等领域培育了一批创新型企业,打造了一系列藏药品牌产品。

六、生态文化逐渐形成

随着青海高原地区生态文明建设的不断推进,人们的思想观念和生活方式发生了深刻变化,保护生态环境就是保护美好家园已经成为社会共识,生态文化自信日益增强。

(一)生态文明理念日益深入人心

生态文明建设过程中,青海高原诸省区通过加大环境保护宣传、建设文化基础设施、开展教育培训、提升民众参与度、表彰先进人员、创建生态节日等,使生态文明理念逐步普及。"靠山吃山、靠水吃水"的传统观念逐渐被"青山绿水是金山银山、冰天雪地也是金山银山"的新观念取代,尊重自然、顺应自然、保护自然的理念得到推崇。

"十二五"期间,西藏自治区开展重点公共文化设施建设项目,实施了综合文化体育设施工程、流动电影服务工程、农家书屋工程、村级广播信息资源共享工程、村卫生室医疗设备完善工程、太阳能公共照明工程等建设工程,建成文化广场1 616个;实现了地(市)群艺馆,县(区)综合文化活动中心、新华书店,乡镇综合文化站和农家书屋全覆盖。同时,开展年度节能宣传周和低碳日宣传活动,增强生态环境保护意识。在文明城市、文明村镇等各类精神文明创建中,将生态环保作为评选表彰各类先进典型的重要依据。拉萨市通过实施"环境立市"战略,提升城市环境质量,并持续开展"家在社区、五美家庭"等群众性精神文明创建活动;持续开展净化环境、保护生态等志愿服务。在广大农牧区开展"美丽乡村文明养成"精神文明活动;组建村(居)志愿服务工作队,开展打扫村庄卫生、植树造林、水源及动植物保护等活动。

甘肃省甘南藏族自治州开展生态文明先行示范区建设。通过实行严格的源头保护制度、损害赔偿制度、责任追究制度等,完善环境治理和生态修复机制,强化生态文明建设的引领导向作用。同时,将生态环保理念纳入全州干部在线学习教育内容,编写面向全州中小学生、党政干部、农牧民等不同层次的《生态文明教育读本》,通过开通环保网站、播放环保公益广告、推送手机环保短信、举办"生态立州"有奖征文等措施,强化各级干部群众生态环保理念,提高人们对生态保护重要性的认识,营造爱护环境的良好风尚。

青海省印发《关于开展"文明青海"建设活动实施方案》,开展"清洁三江源,保护母亲河""青海湖生态保护"等大型志愿服务活动,倡导移风易俗和生产生活新风尚。算好"绿色账"、走好"绿色路"、打好"绿色牌"的环保观念和"生态似水、发展如舟"的生态意识逐步深入人心。

(二)绿色生活方式日益形成

随着生态文明建设的不断深入,高原农牧民"人畜混居"、燃薪烧粪等生活方式逐步发生变化,绿色建筑、绿色能源、洁净居住、绿色出行日益成为受欢迎的生活方式。

青海高原诸省区积极推进新能源多元化利用,以太阳能为主的新能源已广泛应用于取暖、做饭、照明、灌溉、通信等生产生活的各个方面。被动式太阳房是西藏太阳能利用较早的技术之一,20世纪80年代开始在阿里、那曲、拉萨等地市推广应用。太阳房能基本满足冬季采暖要求,改善了生活环境,提高了生活质量。房屋节能环保程度已成为农牧民建房时的重要决策因素。2017年底,以水能、太阳能、沼气为主的清洁能源已达到西藏自治区电力总装机容量的87%,推广太阳灶40多万台,太阳能热水器45万平方米,被动式太阳房约42万平方米,降低了农牧民对传统燃料的依赖。

青海省实施省级农牧区被动式太阳能暖房建设工程,推广太阳灶、太阳能热水器、太阳能电池、户用风力发电机,推动"以电代煤""以电代粪"

等项目。截至2017年底,青海省累计推广太阳灶10.22万台、太阳能热水器1.28万台、太阳能电池9 200套;建设被动式太阳能暖房1.31万套,示范面积达130.5万平方米。电热炕、光伏供热等取暖方式逐步替代了燃烧牛类和煤块的传统方式,减少了污染排放,改善了生活环境,提高了生活水平,同时降低了对草地的过度索取,促进了草地生态系统的恢复和改善。

青海高原诸省区通过建设生态文明小康村,开展改厕、改圈、改房等活动,实施生活垃圾收集转运、生活污水收集处理、饮用水水源地保护、秸秆综合利用、噪声综合治理、人畜粪便污染综合治理等工程,减少了垃圾乱陈、私搭乱建、乱采乱挖、随意焚烧等不文明现象,住房、饮水、出行等居住环境和生活条件明显改善,基本实现了干净、整洁和便利。

2017年,共享单车进入西藏拉萨,迅速成为老百姓出行的选择,形成了美丽的城市风景线;拉萨、西宁等高原城市新能源汽车数量稳步提升,珠穆朗玛峰、纳帕海等自然保护区核心区已实现新能源汽车运营服务。绿色交通、文明旅游成为新的出行方式。

(三)生态文化自信持续增强

青海高原地区美丽的风景,良好的生态本底,以及生态文明建设取得的成就,极大地提升了当地人民群众的生态文化自信。美丽乡村、文明校园、文明家庭等多种形式的生态文明建设活动,使高原人民的精神面貌焕然一新。人们参与生态文明建设的积极性、主动性不断增强,幸福感、获得感不断提升,对拥有青山绿水和冰天雪地倍感自豪。

至2017年,西藏自治区围绕建设美丽西藏,建成自治区级10个生态县、173个生态乡镇、1 924个生态村;林芝市巴宜区被授予全国第一批生态文明建设示范县的称号。青海省建成1 200个高原美丽乡村,西宁市成为国家森林城市。四川省阿坝州创建省级生态县1个,国家级和省级生态乡镇分别16个和50个,省级生态村30个。云南省迪庆州建成了45个州级生态文明村。甘肃省甘南藏族自治州创建国家级和省级生态乡镇分别为2个和14个,国家级和省级生态村分别为14个和11个。这些生态文明建设成就显著改善了人居环境和民生条件,增强了高原人民保护好最后一片净土的信心。

2017年,青海可可西里在联合国教科文组织第41届世界遗产委员会会议上被成功列入《世界遗产名录》,成为中国面积最大、平均海拔最高的世界自然遗产地。世界自然保护联盟在评估报告中说,可可西里一望无垠,几乎没有受到现代人类活动的冲击,美景"令人赞叹不已"。可可西里申遗成功提高了生活在高原上的人们保护自然、关爱生命的意识,进一步激发了人们建设生态文明的自豪感、责任感。

七、加强制度建设策略

(一)加强文化教育制度保障

生态与经济的协调发展需要以公私分明的经济关系为基础,这不仅是政府干预的经济基础,更是群众自发参与的经济基础,文化教育制度的建立是为了提高公民群众的参与意识。

首先,要组织一批专家成立研究小组,编写适合各级领导干部的《生态与经济协调发展教材》,从理论和实践两个方面高度认识青海高原地区生态与经济协调发展的必要性和紧迫性。其次,编写适合不同层次学生的《生态与经济协调发展教材》,在青海高原地区各类学校开设生态教育课程,鼓励学生们平时多参与生态保护实践,使生态文明理念建设的重要性贯穿于学生们的言行举止中,为今后继续贯彻落实生态与经济的协调发展理念奠定基础。最后,编写适合农牧民群众和企业主及企业员工的《生态与经济协调发展简明读本》,使生态与经济协调发展的思想落实于实践生产和生活之中,提高农牧业和企业的生产效率。

(二)加强行政组织制度保障

首先,要健全领导机制,通过建立专职和高效的领导与协调工作机构,保障生态与经济协调发展理念的落实和实施。各领导部门要责任明确,加强工作部署和监督,青海高原地区也要成立相应的领导和协调机构,编制《生态与经济协调发展规划》并组织实施。其次,要建立落实机制,对青海高原地区生态与经济协调发展规划的实施情况进行实时考察,制定行之有效的检查和监督制度。再次,创新考核机制,按照生态与经济协调发展的要求,将规划中的工作建设任务纳入干部政绩考核体系,科学评估和考核,促使领导干部形成科学的政绩观。最后,加强综合决策任务建设,尽快制定《青海高原地区生态与经济协调发展纲要》,并进一步制定出有关国民经济和社会发展的中长期规划、产业政策、产业结构调整和生产力布局规划、区域开发计划等,提高青海高原地区生态与经济协调发展的综合决策水平。

（三）加强法律制度保障

第一，按照生态与经济协调发展的目标与要求，对现有法规进行清查和复核，重点复核对生态治理和保护以及生态产业发展等滞后领域的立法，对不完善的法律法规进行修改，制定相应的细则，完善资源有偿使用、生态补偿、和环境保护等法规。第二，要加大执法力度，提高执法人员素质，严格执法，加强执法机构的建设，对行政执法行为进行监督和考核。第三，加强对各级领导干部执行生态资源法律规章情况的检查和监督，督促各有关部门在审批项目时，认真执行审批程序，严格把关。第四，立法固然重要，但更重要的是让青海高原地区农牧民知法懂法，加强法律普及力度，增强农牧民自身法律意识可有效降低生态管护区的管护难度。同时，要保障公众监督权益，投诉中心和举报电话等要随时保持畅通，鼓励广大群众检举和揭发各种违反生态环境保护规定的行为，对严重破坏环境的企业和个人进行曝光和严厉惩罚。

（四）加强经济制度保障

建立以环境保护优先为导向的经济政策刻不容缓，要运用科学合理的产业政策，引导社会生产力要素向有利于生态与经济协调发展的方向流动，抓紧研究制定出有利于生态环保型产业发展的税收政策，努力促进生态环保型产业的发展。同时，要及时跟进并公布需要鼓励发展的生态产业、环境保护和生态建设项目目录，以及禁止发展的产业与项目目录。从消费者角度来讲，要运用消费政策来引导其消费行为和消费倾向，对需要回收处理和再利用的污染类商品，要实行"押金—回收退款"制度，运用经济手段可以有效减少环境污染类商品的消费量。

健全的投融资体系是确保青海高原地区生态与经济协调发展相关项目实施的重要保障。除了政府投资外，应当发动民间力量参与。目前，支付宝等网络平台用户数量多达数亿，支付宝上有许多公益项目，应当将青海高原地区生态保护项目设立基金加入支付宝的公益捐中，大力宣传，动用社会力量广泛参与，引导社会公益资金流向青海高原地区生态与经济协调发展事业中。

对于青海高原的牧区来说，完善草地产权制度也是非常重要的，草地产权制度安排不当,会危及草地资源的可持续利用,而且也会造成一些贫困问题。有的牧民不善于经营自家草场,将草场卖给其他牧民,自家经济无法继续维持与发展,因此要加强规范草地流转制度。

此外,要建立健全自然资源有偿使用制度,按照资源有偿使用的原则,严格征用各类资源使用费,要严格遵守"谁污染、谁付费,谁破坏,谁恢复"的原则,督促企业进行污染治理。同时要探索构建和完善绿色国民经济核算体系,引导人们注重生态与经济的协调发展。

(五)加强科技制度保障

第一,大力推广先进适用的科技成果,通过举办生态环保科技成果博览会、科技招商会等,建立生态环境科技项目交流市场,有效利用国内外先进科学技术成果,引导企业和科研机构等积极开发和推广各类新技术、新工艺的应用。第二,建立生态环境预警监测系统,依托卫星影、GIS等科技手段,加强对生态环境的监测与管控,及时跟踪和掌握环境变化趋势,提高环境监测、预测和预警能力。第三,加强专业人才队伍建设,根据生态与经济协调发展的要求,在青海高校增加和调整相关学科专业,加强师资队伍建设,集中研究青海高原地区生态与经济协调发展问题。第四,制定生态产业和环保产品标准,借鉴国内外先进经验,制定符合青海高原地区具体情况的生态产业标准,形成布局合理、分工明确、责任清晰的质量安检体系。

只有在良好的、完善的制度框架下,青海高原地区的区域经济发展和环境保护才能做到统筹规划、科学决策、可持续运营和协调发展。

参考文献

[1]丹曲.青藏高原的生态环境保护与经济文化调查研究[M].北京：民族出版社,2019.

[2]傅伯仁.黄土高原生态建设效率研究[M].兰州：甘肃人民出版社,2008.

[3]何文清,高旺盛,董孝斌.论黄土高原生态保护与农业生产的协调发展[J].干旱地区农业研究,2004(1):183-187.

[4]景晖,丁忠兵.青藏高原生态替叠与趋导[M].西宁：青海人民出版社,2006.

[5]拉巴次仁.高原生态研究[M].成都：四川科学技术出版社,2018.

[6]刘彦江,程耀龙,冯建山,等.基于社区的黄土高原生态经济发展决策研究：以甘肃省定西市安定区泉湾村为例[J].草原与草坪,2009(1):90-93.

[7]洛桑·灵智多杰.青藏高原生态旅游可持续发展模式研究[M].北京：中国藏学出版社,2007.

[8]任妍妍.青南藏区生态与经济协调发展研究[D].西宁：青海师范大学,2019.

[9]上官周平,王飞,昝林森,等.生态农业在黄土高原生态保护和农业高质量协同发展中的作用及其发展途径[J].水土保持通报,2020(4):335-339.

[10]石菊松,马小霞.关于青藏高原生态保护治理的几点思考和建议[J].环境与可持续发展,2021(5):42-46.

[11]孙爱霞,王武龙.青海高原生态环境问题的成因及对策[J].水利发展研究,2001(2):19-21.

[12]蒋文兰.甘肃黄土高原生态环境建设与农业可持续发展战略研究[M].兰州:甘肃科学技术出版社,2000.

[13]吴三忙.投入产出技术理论与应用[M].北京:中国经济出版社,2017.

[14]许宪春,刘起运.中国投入产出理论与实践[M].北京:中国统计出版社,2018.

[15]淡亚君.青藏高原生态经济与经济发展协调问题初探:以青海省为例[J].青海金融,2007(2):19-22.

[16]杨秀春.关于青海高原生态恶化的原因分析及对策探讨[J].农业科技与信息,2016(36):39.

[17]余永庆.青海高原特色现代生态农牧业发展对策思考[J].农村经济与科技,2018(17):192-194.

[18]段藻洱.论青藏高原生态保护立法的完善[J].佳木斯职业学院学报,2016(10):156.

[19]张慧.三江源地区生态与经济协同发展研究[D].西宁:青海师范大学,2016.

[20]张青峰,吴发启.黄土高原生态经济分区的研究[J].中国生态农业学报,2009(5):1023-1028.

[21]张亚雄,赵坤.区域间投入产出分析[M].北京:社会科学文献出版社,2006.

[22]赵红花.青海林业在高原生态文明建设中的作用探析[J].现代农业科技,2019(9):135,140.